Schriften des deutschen Vereins

für

Armenpflege und Wohlthätigkeit.

Vierundvierzigstes Heft.

Die Kranken- und Hauspflege auf dem Lande. Von Hauser und Düttmann.

Leipzig,
Verlag von Duncker & Humblot.
1899.

Die
Kranken- und Hauspflege
auf dem Lande.

Von

Dr. Hauser, und **Düttmann,**
Obermedizinalrat in Karlsruhe. Regierungsrat in Oldenburg.

Leipzig,
Verlag von Duncker & Humblot.
1899.

Alle Rechte vorbehalten.

Die Kranken= und Hauspflege auf dem Lande.

Referat von

Obermedizinalrat **Dr. Hauser**
in Karlsruhe i. B.

———

> „Edel sei der Mensch,
> Hilfreich und gut,
> Unermüdlich schaff' er
> Das Nützliche, Rechte."
> Goethe.

Wenn je einmal der bekannte Dichterspruch, den ich als Motto meinem Thema voraussetzen zu müssen glaubte, in den wohl 100 Jahren, seit der große Dichterfürst ihn gesprochen, seinem innersten Wesen nach nicht nur verstanden, sondern auch in Werke thatkräftigster Nächstenliebe umgesetzt wurde, so ist dieses sicherlich heute der Fall, am Ende des 19. Jahrhunderts, dessen kriegerisches Rauschen beim Beginne es wohl kaum hoffen ließ, daß der Schluß desselben 1000 Hände sich regen sehen würde, nicht nur die Schrecken blutiger Kriege zu mildern, sondern auch der Hilflosigkeit und Not im friedlichen Kampfe ums Dasein lindernd und tröstend zu begegnen.

Bedürfte es hierfür noch eines Beweises, so wäre es, um aus dem Vielen nur Weniges herauszugreifen, der auf der ganzen Linie der Kulturmenschheit aufgenommene Kampf gegen die Tuberkulose, die schrecklichste Geißel unsers Geschlechtes, und auch diese der Wohlthätigkeitspflege und der Armenpflege geltende Versammlung, nicht zuletzt auch deren heutiges Thema: Die derzeitigen Hilfs= und Pflegeverhältnisse auf dem Lande.

Der Begriff „Hilfs= und Pflegeverhältnisse auf dem Lande" ist selbstredend seinem innersten Wesen nach kein wesentlich anderer, als der der Hilfs= und Pflegeverhältnisse in der Stadt; eine solche Auffassung des Begriffs wäre in der That nicht nur eine irrtümliche, sondern angesichts des heutigen alles nivellierenden Zuges der Zeit auch eine verhängnisvolle; nicht um eine besondere und besonders geartete Abhilfe der Hilfs= und Pflegebedürftigkeit auf dem Lande handelt es sich, sondern um eine Abhilfe **auch** für das Land, im Hinblick auf die Thatsache, daß eben dieses bis in die letzten Jahrzehnte in den meisten Teilen unseres Vaterlandes einer solchen noch völlig entbehrte, und die Notwendigkeit Pflege und Hilfe auch für diese von der öffentlichen fürsorglichen Nächstenliebe vielfach Vergessenen immer deutlicher und zwingender zu Tage tritt.

Nicht nur Gründe einfacher Billigkeit sprechen für diese endliche Pflichterfüllung der breiten Öffentlichkeit den Landorten gegenüber, sondern, abgesehen von aller Rücksicht auf die Gebote der Humanität, vom socialpolitischen Standpunkt aus, auch solche der Nützlichkeit: Allseitig wird heute von seite der Weitblickenden und Wohldenkenden der stetig wachsende Zug des Volkes vom Lande nach der Stadt, als ernstes Symptom eines kaum gesunden Zustandes tief beklagt; mit Recht: Nicht nur kehrt sich bei dieser Flucht Romantik und Poesie von Wald und Flur in die flache Prosa des lärmenden Chaos des Getriebes der Großstadt, auch die Einfachheit und gute Sitte, schlichtes Wesen, Bedürfnislosigkeit und Gottesfurcht wandeln dem Auswanderer sich in das vielfach gleißnerisch Glänzende und Verführerische des modernen Babels, nnd mit dem einfachen Biedersinn des schlichten Landbewohners, mit seiner fest in Zucht und Ordnung wohlgefügten Familie schwindet die festeste Stütze der Ordnung und des Staates.

Diesem fast unaufhaltsam erscheinenden Abgleiten unserer Zeit von der zur Erhaltung von Glück und Zufriedenheit führenden Bahn mit allen Mitteln entgegenzutreten, ist Pflicht nicht nur der Staatenlenker, sondern Aller, und ein Mittel hierzu fraglos auch jenes Streben, auch dem Leben auf dem Lande jene Wohlfahrtspflege in Bezug auf Geist wie Körper, jenes Maß von „panem et circenses" zu teil werden zu lassen, dessen scheinbare Überfülle das Leben in der Großstadt so verlockend erscheinen läßt, hier in einem so weisen Maße, daß nicht Üppigkeit und Begehrlichkeit genährt, wohl aber Zufriedenheit wieder geschaffen werde und mit ihr Liebe und Anhänglichkeit an die heimische Scholle.

In der Gewährung von panem et circenses der Begehrlichkeit unserer Tage gegenüber kluges Maß zu halten, ist zweifelsohne eine schwere Kunst; mag Manchem mit mehr oder weniger Recht das dem städtischen Proletariat bis heute Gewährte als ein „zu Viel" erscheinen, ebenso sicher ist aber das Maß und Gewicht von „Brot" im weiteren Sinne des Wortes, das an körperliche Wohlfahrtspflege dem Landbewohner zu Gebote steht, ein zu geringes, und zu diesem „Zu wenig" rechne ich vor allen Dingen die Krankenpflege.

Wenn ich im folgenden es versuchen soll, zur Begründung der von mir aufgestellten und dem Schlusse dieses Referates angehängten Leitsätze nicht nur die dringende Notwendigkeit von der Schaffung einer geordneten und zweckentsprechenden Krankenpflege auf dem Lande darzuthun, sondern auch Wege und Mittel zu bezeichnen, mittelst deren das gesteckte Ziele am sichersten wohl erreichbar sein möchte, so darf ich das wohl an der Hand der bei uns in Baden seit einer Reihe von Jahren gemachten Erfahrungen thun, wohl überzeugt davon, nicht nur, daß das, was bei uns notwendig und billig, auch anderwärts ersprießlich und Rechtens, sondern auch, daß das, was bei uns möglich war, auch überall im deutschen Vaterlande als durchführbar erscheint. Mögen Wege und Mittel, die ergreifbar und gangbar sind, auch verschieden sich verhalten, das Ziel ist und sei es, was uns eint!

Es ist das unbestrittene Verdienst einer der edelsten und an Herz wie

Die Kranken- und Hauspflege auf dem Lande.

Geist gleich hervorragenden Frau auf dem Throne, jener, die wir Badener mit Stolz und Freude die unsrige nennen, als Erste die allgemeine Aufmerksamkeit nicht nur auf die fehlende Krankenpflege auf dem Lande, als einer tiefen Wunde unseres Volkslebens, gelenkt, sondern zugleich auch und gleichzeitig das Mittel zur Heilung gezeigt und angewendet zu haben: Unsere Landkrankenpflege, die ureigenste und würdigste Schöpfung unserer allverehrtesten Großherzogin, eines der jüngsten aber hoffnunggrünsten Blätter in dem unverwelklichen Kranze, den Liebe und Dankbarkeit des Volkes für sociales Wohlthun längst um das Haupt der hehren Tochter des großen Kaisers und der unvergessenen großen Kaiserin gewunden — hat seit den fünfzehn Jahren ihres Bestehens eine Fülle von Segen und Nutzen geschaffen; und sind es auch nicht Großthaten des Ruhmes, die an der Heerstraße des Lebens Jauchzen und lautes Rühmen der Menge erregen, sondern nur im Verborgenen und im Stillen getrocknete Thränen des Kummers und der Sorge, die in ihren Annalen vorgezeichnet stehen, so lohnt es dennoch der Menschenfreunde Mühe, auch diesen stillen Pfaden nachzugehen, zu sehen, wie diese fraglos zeitgemäße und wohlthätige Schöpfung geworden, was sie geleistet hat, und was wir von ihr noch erwarten dürfen im selbstlosen Dienste der Nächstenliebe.

Unsere Landkrankenpflege liegt abseits vom geräuschvollen Markte des Lebens; auf dem Wege dahin begegnen wir zunächst recht stattlichen Herbergen und Stationen, in denen in reicher Fülle die berufliche Krankenpflege der Ordensschwestern und Diakonissen dem müden, wunden und kranken Wanderer Labsal und Hilfe mit kundiger Hand und reichem Herzen spendeten und spenden, aber unser Ziel ist fern von da in eingeschnittenen Thälern und auf waldigen Höhen, weit abgelegen von der breiten Heerstraße, auf steilen und steinigen Fußpfaden nur erreichbar, und wenn wir bei der Wanderung dahin auf einer der erglommenen Höhen kurz lohnende Aussicht genießen und orientierende Umschau halten wollen über Land und Volk, so sehen wir wohl vereinzelt da und dort aus einsamen Gehöften und in weltverlorenen Weilern das rote Kreuz unserer Landkrankenpflege winken, dann aber wieder große Strecken Landes nichts mehr von Hilfe- und Pflegestationen, wohl aber Mühe und Arbeit und ihre Folge, Kranksein und Not.

Das ist im ganzen das Bild, das uns eine von dem Großherzogl. Badischen Ministerium des Innern im vorigen Jahre veranlaßte Erhebung über die im Lande vorhandenen Pflegekräfte desselben zeigt, nach deren Ergebnissen eine für den im Juni d. J. in Heidelberg tagenden IV. Verbandstag der Deutschen Frauen-Hilfs- und Pflegevereine bestimmte kolorierte Karte des Großherzogtums gefertigt wurde, auf welcher die z. Zt. bestehende Krankenpflege, die berufliche- wie die Landkrankenpflege mit den einzelnen Pflegestationen, erstere nach Konfession, beruflicher Stellung und Geschlecht, jedoch ohne Zahlenangaben, verzeichnet waren. Ich habe, da aus äußern Gründen die Karte für dieses Referat nicht zu beschaffen war, aus dem gleichen statistischen Material eine ziffernmäßige Zusammenstellung hergestellt, aus welcher in erster Linie für die rein ländlichen Bezirke des Großherzogtums die z. Zt. bestehenden Krankenpflegeverhältnisse nach Kreisen und Amtsbezirken klar ersichtlich sind; hiebei schicke ich erklärend voraus, daß ich als

1*

„Landorte" im Gegensatz zur „Stadt", oder zu „Städten" alle Orte bezeichnen zu müssen glaube, mit Ausnahme der Amtsstädte. Was diesen im Lichte unserer Betrachtung hauptsächlich den Stempel von Städten gegenüber den übrigen Orten aufdrücken dürfte, das ist der Umstand, daß in ihnen ganz naturgemäß fast allein, jedenfalls aber in weit höherem Grade als in andern Orten alle jene Dinge vorhanden zu sein pflegen, welche leibliche wie geistige Wohlfahrtspflege erheischt und in Kulturstaaten in erster Linie zu schaffen pflegt: Unterrichts= Kultus= und Heilstätten, Ärzte, Apotheken, Schulen, Spitäler, Krankenschwestern und dergl. Daß bei dieser Einteilung manche Städte und Städtchen, die an Größe und Einwohnerzahl die Amtsstadt überragen, zu den Landorten gezählt werden mußten, versteht sich wohl von selbst, vermag aber die Berechtigung dieser Einteilung nicht in Frage zu stellen, da bloß historische Städtenamen und Stadtrechte für unsere Betrachtungsweise nicht zu berücksichtigen waren. So entstanden folgende tabellarische Zusammenstellungen:

(Siehe Tabelle a b c auf S. 5 und 6.)

Lassen wir diese tabellarischen Verzeichnisse sprechen:

Das in 11 Kreise abgeteilte Großherzogtum Baden besaß im Jahre 1898 insgesamt 2317 Krankenpflegekräfte, 167 männliche, und 2150 weiblichen Geschlechts. Die männlichen Pflegekräfte sind zum allergrößten Teil Krankenwärter= und pfleger in Irrenanstalten, während die Hauptsumme der vorhandenen Krankenpflegekräfte dem von Natur aus unbestrittener Weise in erster Linie zur Krankenpflege berufenen weiblichen Geschlecht angehören.

Aus praktischen äußern Gründen teilte man bei unsern statistischen Erhebungen die Krankenpflegekräfte ein in solche, die einem genossenschaftlichen= oder Vereins=Verband angehören und in frei praktizierende; die Zahl der ersteren betrug 1782 oder 76,9%, die der letzteren 535 oder 23,1%. Von diesen letzteren 23,1% bedeutet unsere Landkrankenpflege den bescheidenen Anteil von 6%; den frei praktizierenden Krankenpflegekräften gehören ferner allein nur die männlichen Krankenpfleger an.

Von den 1782 Genossenschafts= oder Verbandsschwestern sind 165 oder 9% in der Küche beschäftigt, so daß der eigentlichen Krankenpflege 91% derselben verbleiben; von diesen 91% der nur mit Krankenpflege beschäftigten Schwestern gehören 283 oder 15,2% einem weltlichen Verband an; es sind die Schwestern vom roten Kreuz, während die übrig bleibenden 1499 oder 75,8% einem geistlichen Verband zugehören, d. h. entweder evangelische oder katholische Ordensschwestern sind.

Von den 1782 Genossenschafts= oder Vereinsverbandschwestern sind ferner 759 oder 42,4% in Krankenanstalten thätig, 1023 oder 57,8% in der Privatpflege, während von den frei praktizierenden Pflegekräften die weitaus große Mehrzahl, 477, nur in Anstalten und, eigentlich nur die übrigbleibenden Landkrankenpflegerinnen, in der Privatkrankenpflege beschäftigt sind; von den letzteren sind 10 neben der Privatkrankenpflege auch in Krankenanstalten thätig.

Das auf der Karte mit Krankenpflegestationen reichlich und bunt besäte Land besitzt 185 kleinere und größere Krankenanstalten, von welchen auf 9326 Einwohner je 1 entfällt. Dieses Verhältnis von Krankenhäusern

Die Kranken- und Hauspflege auf dem Lande.

Krankenpflege im Großherzogtum Baden.
Tabelle a.

Kreis	Einem Genossenschafts- oder Vereinsverband angehörend											Frei praktizierend			Gesamtzahl der Pflegekräfte	
	Einem weltl. Verband (Schwestern v. roten Kreuz)				Einem geistlichen Verband angehörend												
		weiblich				evangelisch weiblich			katholisch									
	männlich	Freibrachpflege	Anstaltspflege	Davon in der Küche	männlich	Freibrachpflege	Anstaltspflege	Davon in der Küche	männlich	Freibrachpflege	Anstaltspflege	Davon in der Küche	männlich	weiblich	Davon Landkrankenpflegerin	männlich	weiblich
Konstanz	—	—	—	—	—	2	1	—	—	94	97	30	—	10	5	—	204
Villingen	—	—	—	—	—	3	3	1	—	38	56	27	1	8	6	1	108
Waldshut	—	—	—	—	—	2	—	—	—	30	27	15	1	8	7	1	67
Lörrach	—	—	22	7	—	14	20	5	—	31	40	1	4	30	21	4	135
Freiburg	—	7	3	—	—	13	2	—	—	103	123	11	84	106	7	84	369
Offenburg	—	8	4	—	—	8	—	—	—	73	39	13	8	16	6	8	146
Baden	—	—	—	—	—	4	2	—	—	118	23	3	11	13	—	11	172
Karlsruhe	—	45	58	—	—	58	27	18	—	105	43	20	32	109	30	32	445
Heidelberg	—	19	74	—	—	17	11	2	—	50	11	2	18	35	4	18	217
Mannheim	—	17	22	—	—	35	33	5	—	83	3	—	7	31	2	7	224
Mosbach	—	1	3	—	—	9	—	—	—	36	12	5	1	2	—	1	63
Großherzogtum Baden	—	97	186	7	—	165	99	31	—	761	474	127	167	368	88	167	2150
		283				264				1235				535			2317

Krankenpflege im Großherzogtum Baden im Jahr 1898.
Tabelle b.

Kreise	Einwohnerzahl	Zahl der Krankenanstalten	Zahl der Pflegekräfte überhaupt	Zahl der Pflegekräfte in Anstalten	Zahl der Pflegekräfte in Privatpflege	Auf 10000 Einwohner kommen Pflegekräfte	Auf eine Anstalt kommen Pflegekräfte	Auf 10000 Einwohner kommen Pflegekräfte in der Privatpflege
Konstanz	136959	22	204	98	106	14,8	4,4	8,0
Villingen	71802	14	109	59	50	14,0	3,2	5,9
Waldshut	76698	6	68	27	41	8,8	4,5	5,4
Lörrach	97539	12	139	68	71	14,2	5,6	7,4
Freiburg	220193	28	453	205	248	25,2	7,3	11,5
Offenburg	162932	19	154	43	111	9,4	2,2	6,8
Baden	142192	20	183	29	154	12,8	1,4	10,9
Karlsruhe	329869	19	477	202	275	14,4	10,6	8,6
Heidelberg	157060	22	235	27	108	15,2	5,7	7,3
Mannheim	179314	11	231	78	153	12,8	7,09	8,8
Mosbach	150906	12	64	20	44	4,2	1,6	2,8
Großherzogt. Baden	1725464	185	2317	956	1361	13,3	5,1	8,06

Krankenpflege im Großherzogtum Baden im Jahr 1898.
Tabelle c.

Kreise	Einwohnerzahl der Landorte (ohne die Amtsstädte)	Zahl der Landorte	von denselben					
			besitzen Berufskrankenpflege	mit Einwohnern	Landkrankenpflegerinnen	mit Einwohnern	sind ohne jede Krankenpflege	mit Einwohnern
			%		%		%	
Konstanz	105771	213	16 (15,4)	39598	5 (1,8)	2191	167 (77,9)	63984
Villingen	58624	89	18 (20,2)	24925	6 (6,8)	5702	65 (73,0)	27997
Waldshut	67092	164	13 (10,3)	11085	7 (3,0)	4041	140 (65,0)	51966
Lörrach	80608	120	16 (14,1)	24976	21 (17,4)	26885	83 (85,3)	28747
Freiburg	147076	201	40 (20,8)	48741	7 (3,4)	9602	154 (76,6)	88733
Offenburg	134746	136	37 (28,7)	49521	6 (2,9)	5429	93 (61,0)	79796
Baden	107484	96	38 (42,7)	61466	—	—	58 (61,0)	46018
Karlsruhe	179797	143	39 (27,7)	19988	30 (21,6)	40887	74 (57,2)	58922
Heidelberg	116816	103	20 (19,4)	41748	4 (2,9)	3562	80 (77,6)	65506
Mannheim	65302	36	22 (61,1)	58904	2 (5,5)	2678	12 (33,3)	3720
Mosbach	133779	248	25 (10,0)	25675	—	2488	232 (73,5)	105606
Großh. Baden	1197095	1549	284 (20,1)	406627	88 (5,4)	103465	1158 (73,3)	620995

Die Kranken- und Hauspflege auf dem Lande.

zu der Einwohnerzahl ist natürlich regional ein wechselndes, und beträgt beispielsweise im Kreise Karlsruhe 1 : 17 361, im Kreise Villingen dagegen nur 1 : 5128, wobei eben, wie selbstverständlich, um ein richtiges Bild von der Versorgung der Bevölkerung mit Krankenanstalten zu erhalten, nicht nur die Zahl der letzteren, sondern auch ihre Größe in Betracht zu ziehen wäre. Einen annähernd richtigen Maßstab für deren Größe erhalten wir in der Anzahl ihrer Betten und bei dieser Inbetrachtnahme kommt im Großherzogtum Baden 1 Krankenbett auf 299 Einwohner, unter diesem Landesdurchschnitt sind 6 Kreise, über demselben 5, das günstigste Verhältnis zeigt der Kreis Heidelberg mit 1 Krankenbett auf 184 Einwohner, das ungünstigste der Kreis Mosbach, in welchem erst auf 656 Einwohner 1 Krankenhausbett zu stehen kommt.

In der Anstaltspflege finden wir 956, in der Privatkrankenpflege 1361 Pflegekräfte beschäftigt; auf 10 000 Einwohner im Lande entfallen deren 13,3, in der Privatkrankenpflege allein aber 8,06 und auf 1 Anstalt durchschnittlich 5,1; das günstigste Verhältnis zeigt der Kreis Freiburg mit 25,2 Pflegekräften auf 10000 Einwohner, wovon 11,5 in der Privatpflege beschäftigt sind, das ungünstigste auch hier wieder der Odenwaldkreis Mosbach mit nur 4,2 Pflegekräften überhaupt und 2,8 in der Privatpflege auf 10000 Einwohner, wobei auch auf je 1 Krankenanstalt die geringste Zahl an Pflegekräften im Lande entfällt, nämlich nur 1,6, während der Landesdurchschnitt 5,1 beträgt.

Mehr indessen als diese allgemeinen Krankenpflegeverhältnisse des Landes interessieren uns diejenigen speciell nur auf dem Lande im Gegensatz zu jenen der Städte.

Unter Festhaltung des Begriffs „Landorte" nach der oben gegebenen Definition läßt sich hierüber folgendes angeben: Unser Großherzogtum mit seinen 1 725 264 Einwohnern (nach der Volkszählung vom Jahr 1895) zählt 1549 Landorte mit einer Bevölkerungszahl von 1 211 095 Bewohnern; von diesen besitzen eine berufliche Krankenpflege durch Ordensschwestern, Diakonissen und Pflegerinnen des bad. Frauenvereins: 284, mit einer Einwohnerzahl von 466 469; es blieben also bis zur Einführung unserer Landkrankenpflege, und bleiben zum größten Teil noch übrig: 1242 Landorte mit 724 468 Bewohnern ohne jegliche Krankenpflege, also an Zahl der Ortschaften etwa ³/₄, an Zahl der Einwohner mindestens ²/₅ sämtlicher Landeskinder; und sollte es nötig sein, die Bedeutung dieser großen klaffenden Lücke für das Volkswohl näher darzuthun, dann darf man auf die Bedeutung und die Stellung hinweisen, welche die Krankenpflege in den letzten Jahrzehnten auch in der wissenschaftlichen Medizin sich erworben hat, eine Stellung, die gegenüber der arzneilichen Behandlung für das Wiedergesunden unserer Kranken als vollständig gleichwertig zu erachten ist, die am besten wohl darin sich ausdrückt, daß die Krankenpflege zur wissenschaftlichen Disciplin geworden ist, deren, wenn auch nicht aus erster Hand anordnende, so doch ausführende Organe eben die Krankenpflegerinnen sein sollen.

Die moderne, wissenschaftliche Krankenpflege, im Gegensatz zur alten auf rein nur empirischen Grundsätzen beruhenden, handelt, wie dieses Mendelsohn[1] so vortrefflich ausführt, mit Bewußtsein nach bestimmten Lebensgesetzen, und erwartet mit der Sicherheit eines Experimentes den Ablauf der von ihr durch die Pflegemaßnahmen geleiteten und modifizierten Lebensprozesse: die appetitliche Zurichtung und Darreichung einer Speise ist ihr nicht nur die Maßnahme einer Annehmlichkeit für den Kranken, sondern ein Appetit und Verdauung beförderndes Mittel; Qualität und Gewebsart der Bettstoffe sind nicht allein für das subjektive Befinden des Patienten berechnet, sondern zugleich auch ein mächtiger Faktor für die Wärmeabgabe des Körpers; dir Feuchtigkeit der Luft wird in ihrem Gedankenkreis zum hustenmildernden Mittel, der Einfluß des Lichtes fördert oder hemmt ihr, je nach Bedarf, die Zahl der roten Blutkörperchen, und mit kluger Berechnung macht sie Gebrauch von der Einwirkung psychischer Reize auf den Ablauf physiologischer Vorgänge im Körper des Kranken; so beeinflußt sie wohlthätig die für das Gesundwerden so wichtigen Faktoren, den Appetit, die Verdauung, den Schlaf, und wird zu einem mindestens ebenso wichtigen Faktor der Genesung als das Einnehmen der Arznei in irgend welcher Dosis und Form.

Diesen mächtigen Hebel der Krankenfürsorge und der Krankenbehandlung entbehren nicht allein all diejenigen, welche der Krankenpflege entbehren, sie leiden, namentlich auf dem Lande, noch viel mehr durch sehr oft gradezu verkehrte und unzeitgemäße Anwendung ganz derselben Dinge, aus deren richtiger Benutzung für die Wiedergesundung der größte Nutzen zu ziehen wäre.

Geben wir also den hilfsbedürftigen Kranken auf dem Lande Arznei und Ärzte in Hülle und Fülle, lassen wir sie aber Not leiden an richtiger zielbewußter Pflege, so erfüllen wir nur einen Teil der Bedingungen ihrer Wiedergenesung, nur zur Hälfte tragen wir ihnen gegenüber das ab, was wir ihnen aus humanitären wie socialen Rücksichten schulden.

Solche Erwägungen sind und waren es bei uns in Baden, welche die Ausdehnung der Krankenpflege auch auf die Landorte, die eine solche noch entbehrten, als eine wahre befreiende und erlösende That erscheinen ließen, und heute dürfen wir ohne jegliche Selbstüberhebung mit Freude wahrnehmen, daß, nachdem der Gedanke einer geordneten Landkrankenpflege einmal Form und Gestalt angenommen hatte, er allenthalben zündete und da und dort, wenn auch nicht immer in gleicher Form und Gestalt, als fruchtbares, lebensfähiges Samenkorn sich erwies.

Es war im Sommer 1885, als J. K. H. die Großherzogin Louise von Baden dem unter Ihrem Protektorat stehenden Bad. Frauenverein eine Denkschrift übermittelte, in welcher Höchstdieselbe mit dem der Hohen Frau eigenen weiten Blick, mit trefflichem Verständnis aller einschlägigen ländlichen Verhältnisse, und vor allem mit für die Sache begeistertem und begeisterndem Herzen die Grundsätze aussprach, auf denen bis heute das noch junge Gebäude ruht, jene Grundsätze, welche in der im Anhang hier beigefügten Dienstweisung für unsere Landkrankenpflegerinnen sich vorfinden, deren erster Teil in 12 Paragraphen die Statuten der ganzen Ein-

---

[1] Martin Mendelsohn, Die Stellung der Krankenpflege in der wissenschaftlichen Therapie, Leipzig 1898.

richtung darstellt: Als Aufgabe und Ziel der Landkrankenpflege wurde bestimmt, den bereits vorhandenen beruflichen Pflegeformen eine Schwester zuzugesellen, nicht um diesen den Besitz streitig zu machen, sondern um eine Lücke auszufüllen, die diese nicht ausfüllen konnten, eine Pflegeform zu schaffen, die vermöge ihrer ganzen Natur auch da einzuführen möglich sein sollte, wo der Einführung beruflicher Pflegeverhältnisse durch Ordensschwestern oder Diakonissen irgend welche wesentliche Hindernisse im Weg standen.

Diese Hindernisse sind in den meisten Fällen wohl finanzieller Natur: arme und kleine Landgemeinden, deren Jahresbudget auch schon bei Vermehrung der Umlagen nur um $^1/_2$ Pf. bei Berufung fremder Berufspflegerinnen Belastung empfindet; auf der anderen Seite bieten hier wiederum solche Gemeinden einer Berufspflegerin bei weitem nicht Arbeit genug, und dieser Umstand bedingt seinerseits wieder, daß das rein subjektive Bedürfnis einer geordneten Krankenpflege weder vorhanden ist, noch recht aufkommen kann, es dementsprechend aber recht viele Schwierigkeiten zu geben pflegt, für solche Gemeinden Krankenpflege zu beschaffen.

Bei der Geringfügigkeit oder dem gänzlichen Fehlen des subjektiven Bedürfnisses nach Krankenpflege ist indessen nicht zugleich auch das objektive Bedürfnis aus der Welt geschafft, im Gegenteil, dann und wann wenigstens, bei Unglücksfällen, Epidemien u. dergl. Gelegenheiten recht groß, und wird dann in der Regel um so lebhafter empfunden, als es sich sehr häufig um Orte handelt, die zugleich von Arzt und Apotheke recht weit entfernt sind.

Für diese Orte zumal ist die Landkrankenpflege geschaffen, wie bereits erwähnt, nicht als Konkurrentin, sondern als treue Mitarbeiterin, bezw. als Ersatz der Berufspflege, manchmal auch als bahnbrechende Vorläuferin derselben insofern, als das durch die Landkrankenpflege geweckte Bedürfnis zur Ausgestaltung des ganzen Pflegeinstituts zur Berufspflege hinführt. Fälle der letzteren Art sind seit dem 15 jährigen Bestehen unserer Landkrankenpflege nicht selten; sie pflegen sich zumeist in der Weise zu gestalten, daß, falls die Landkrankenpflegerin ihren Pflegeberuf in Folge ihrer Verheiratung, Auswanderung oder aus ähnlichen Ursachen aufgiebt, während ihrer Wirksamkeit das Bedürfnis nach Krankenpflege überhaupt, sowie die früher manchmal gänzlich mangelnde Einsicht in die Notwendigkeit und den Segen der Institution so geweckt wurde und gewachsen ist, daß die Leute jetzt auch unter Aufbringung größerer Opfer zur Einführung beruflicher Krankenpflege übergehen. Neidlos überläßt selbstverständlich dann die jüngere Schwester das Feld der älteren, da die Landkrankenpflege so wenig wie jede gleichgeartete Einrichtung sich Selbstzweck ist, sondern nur der Sache zu dienen bestrebt ist.

Zur Erreichung dieses bescheidenen ureigensten Zweckes der Landkrankenpflege war es notwendig, eine in dem Pflegeort selbst wohnende Person als Kandidatin zu gewinnen, die vermöge ihrer Eigenschaft als Eingeborene einmal mit den örtlichen Pflegeverhältnissen vertraut war, und dann vor allem für ihre Mühewaltung ein geringeres Entgelt bei Übernahme des Postens deshalb beanspruchte und beanspruchen konnte, weil ja die Krankenpflege nicht beruflicher Hauptlebenszweck wurde, sondern, in den meisten

Fällen wohl, der bisherige Lebensberuf nach Stellung und Art der Beschäftigung beibehalten werden konnte.

Bei dieser Betonung der nur nebenzwecklichen Bedeutung der Stellung der Landkrankenpflege dürfen und durften indessen bei uns doch zwei Dinge nicht in gleichem Maße nur nebensächlich betont werden: die an die Pflegerin anzufordernden persönlichen Charakter- und sonstigen Eigenschaften, und dann vor allem auch ihre berufliche Ausbildung.

Man mußte sich sagen und wird immer daran festzuhalten haben, daß bei Auswahl einer Person zur Landkrankenpflegerin man in vollständig gleichem Maße wie bei der einer Berufspflegerin zu sehen hat auf: innere Neigung, ruhigen Charakter, Wahrheitsliebe, Ordnungssinn, Anstand, Zuverlässigkeit, Fügsamkeit, sittliches Verhalten, körperliche Geschicklichkeit und besonders auch auf Gesundheit, und weiter noch auf das Vorhandensein einer Eigenschaft und Fähigkeit, die wir bei einer Berufspflegerin noch eher übergehen dürfen: auf Verständnis und Sinn für das Haushaltungswesen, auf Erfahrung in Keller und Küche und besonders auch in der Kinderpflege, deshalb, weil wie ich unten noch des näheren auszuführen haben werde, die Landkrankenpflegerin gewissermaßen als „Mädchen für alles" alles zu pflegen haben wird, was es in menschlichen Verhältnissen auf dem Lande zu pflegen giebt, und dieses Gebiet in der That ein viel weiteres als das der einzelnen Berufspflegerin, zumal derjenigen in der Stadt, zu sein pflegt, da wir hier bei der Verteilung der Pflegearbeit viel eher specialisierend vorgehen können. Das Verhältnis zwischen Landkranken- und städtischer Berufspflegerin gestaltet sich ähnlich wie dasjenige zwischen Land- und Stadtarzt: Der bescheidene Landarzt muß das ganze weite Gebiet der Heilkunde, so gut es eben für den einzelnen Menschen möglich ist, nicht nur theoretisch beherrschen, sondern auch praktisch auszuüben verstehen, sein vornehmer Kollege in der Stadt darf sich den Luxus einer Specialität wohl gestatten.

Das Auffinden, die Auswahl und die Gewinnung einer solchen vielseitig vereigenschafteten Person ist nicht immer leicht, ja vielfach so schwierig, daß nicht gar selten an ihr allein auch der beste Wille, eine Krankenpflege auf dem Lande zu schaffen, scheitert. Mit dieser Aufgabe sollten daher immer nur, gleichgültig, ob am Ort ein Frauenverein existiert oder nicht, Frauen betraut werden, aus zwei Gründen: einmal weil nur die Frau die Frau kennt, und auf die erwähnten notwendigen Eigenschaften zu beurteilen weiß, und ebenso mit der nötigen Herzenseloquenz zur Übernahme des Postens zu überreden versteht, — alles das, wie doch gewiß niemals der Ortspolizeidiener mit der Schelle, oder der Herr Bürgermeister oder Gemeinderat mit der Amtsmiene, — und dann vor allem, weil es im ureigensten Interesse der Frau selbst liegt, eine tüchtige Person als Pflegerin in den Ort zu bekommen, da Frauen und Kinder erfahrungsgemäß am meisten der Pflege bedürfen, den Mangel an Pflege demnach am eigenen Leibe verspüren müssen, wenn auch der Gesamtnutzen, nicht zuletzt auch in finnanzieller Beziehung, auch dem Mann zu Gute kommt.

Ist so die Kandidatin mit Sorgfalt, Geschick und Glück ausgewählt, dann erfolgt ihre Anmeldung bei der Ausbildungsstelle durch die Gemeinde, den Verein oder die Organe der Kreisverwaltung, auf deren

Kosten und für deren Dienst gewissermaßen die Ausbildung erfolgen soll. Bei uns in Baden erfolgt die Ausbildung hauptsächlich im Ludwig-Wilhelmkrankenheim in Karlsruhe, es ist aber wohl selbstverständlich, daß jedes größere Krankenhaus diese Ausbildung übernehmen kann, wo ein für die Sache warm fühlender Arzt und das nötige Lehrmaterial an Kranken und zu Pflegenden vorhanden ist. So unterzogen sich bei uns bisher der schönen Aufgabe mit Erfolg außer dem erwähnten Ludwig-Wilhelmkrankenheim in Karlsruhe die Krankenhäuser von Lörrach und Schopfheim, eine zeitlang auch das Kreisspital in Geisingen, diese den theoretischen wie praktischen Unterricht übernehmend, während in dankenswerter Art in Ergänzung der im Ludwig-Wilhelmkrankenheim vorausgegangen theoretischen Unterweisung das akademische Krankenhaus in Heidelberg sowie die städtischen Krankenhäuser zu Karlsruhe, Pforzheim und Mannheim die praktische Schulung der Pflegerinnen übernahmen; jedenfalls ist es notwendig und wünschenswert, daß die praktische Ausbildung eine Stelle übernimmt, welche über ein möglichst vielseitiges, wo möglich allseitiges lebendes Pflegematerial verfügt, und damit kommen wir zur Besprechung der wichtigsten Seite der ganzen Frage, zu der nach dem Inhalt, dem Umfang, den Grenzen und der Dauer der Ausbildung einer Landkrankenpflegerin.

Ich habe bereits oben als Pflegegebiet derselben „alles" bezeichnet, was und wo immer auf dem Lande der Pflege und der nächsten Hilfe bedürftige körperliche Not, Jammer und Elend ist, und zur lebhaften und deutlichen Illustrierung dieses ganzen Gebietes möchte ich besonders alle diejenigen, welche das Landleben hauptsächlich nur auf dessen Sommerseite, vom Standpunkte des Sommerfrischlers, von der der poesievollen Romantik aus kennen, aber doch auch das warmfühlende Herz für ländliche Armut und Not sich bewahrt haben, einladen, den langjährigen Landarzt auf einer seiner Touren zu begleiten, um so aus dem Leben heraus die Grenzen kennen zu lernen, innerhalb deren plastisch sichtbar und greifbar die Hilfs- und Pflegebedürftigkeit von dem Untergrund nicht der grauen Theorie, sondern der rauhen Wirklichkeit sich abhebt:

In einem abgelegenen Hause des Schwarzwaldes ist vor vier Tagen der Mann, unfähig weiter zu arbeiten, fröstelnd und müde nach Hause gekommen; „er hat sich erkältet", sagt man, und er legt sich zu Bett, um zu schwitzen. Die Frau bringt einen schweißtreibenden Lindenblüten- oder auch Kamillenthee und er schwitzt. „Morgen wird es schon besser sein"; der Appetit ist weg, der Schlaf während der Nacht fehlt ganz, das tüchtige Ausatmen wird dem Kranken schwer und schwerer, er empfindet Stiche, beengendes, schmerzhaftes Hüsteln stellt sich ein. „Du mußt noch mehr schwitzen, lieber Mann, oder soll ich zum Doktor schicken"? „aber dieser wohnt 3 Stunden entfernt und der Extrabesuch kostet 12 Mark; da wollen wir doch lieber warten bis morgen". Am folgenden Tag steigert sich die Atemnot, die Appetitlosigkeit, der Durst; gegen Abend redet der Mann etwas irre, im Taschentuch oder auch auf dem Boden, wohin der Kranke spuckt, entdeckt jetzt die Frau etwas wie Blut; da, so denkt jetzt auch die etwas betroffene, bisher ziemlich sorglose Bauersfrau, kommt am Ende eine gefährliche Lungenentzündung heraus; ein Bote wird abends noch zum

Arzt geschickt: er möge etwas verschreiben, und wenn es erst noch schlimmer werden sollte, wolle man nach ihm schicken, daß er komme. Der Doktor schickt eine „Guttere" Arznei, auch Tropfen und Blutegel und giebt dem Boten die nötige Anweisung für innere und äußere Anwendung der Mittel. Mit Ungeduld wird spät in der Nacht der Arznei vom Doktor entgegengesehen; stündlich ein Eßlöffel voll zu nehmen, das versteht man, aber mit den weiteren Vorschriften, die der Bote mitbringt, hat es seine Schwierigkeiten: kalte Umschläge sollte man machen, aber man weiß nicht recht, wie und wo? und gar die Blutegel! Wie faßt man die an? So kommen die Umschläge statt um die Brust auf den Kopf, der ja auch brennend heiß ist, die Blutegel nach langem Abmühen an eine ganz falsche Stelle des Körpers, und mit den hustenmildernden und schlafbringenden Tropfen macht man in der Kopflosigkeit eine Einreibung an der schmerzhaften Stelle. Der Zustand ist am folgenden Morgen nicht besser, man schickt im Laufe des Tages zum Arzt, daß er komme, allein dieser hat seine Tagestour nach einer anderen Richtung schon begonnen, abends spät trifft ihn die Botschaft und am nächsten Morgen in der Frühe erst kann er kommen. So treffen wir den Kranken erst am vierten Tage der Erkrankung, in einem engen dumpfen Gelasse, „die Kammer" oder auch das „Gadem" genannt, unweit der rauchenden Küche oder auch über der Wohnstube, aus der eine viereckige fußweite Öffnung die von den Stubeninsassen bereits verbrauchte, mit Kohlensäure reichlich geschwängerte Luft, die aber gut warm ist, aufwärts zu dem Kranken führt. Das nur kopfgroße Fenster ist hermetisch geschlossen, die Luft bedrückend dumpf und heiß, von der Decke des Zimmers und in den Ecken hängen Spinngewebe, an der Wand die ganze Garderobe der Familie, der Fußboden ist beschmutzt mit dem Auswurf des Kranken. Er selbst liegt schwer atmend, die Gesichtszüge eingefallen, der Kopf heiß, die Zunge borkig und trocken, die Haut kühl, feucht und klebrig, der Puls klein und schlecht, die Temperatur über 40°. Wird er gesunden? Vielleicht ja, wenn es gelingt, durch ein kräftig anregendes Mittel die bereits gesunkene Herzthätigkeit zu neuem Kampfe gegen den tückischen Feind anzuspornen, da siegt die robuste Natur über die hochgradige Brustfell-Lungenentzündung, vielleicht aber auch, ja viel wahrscheinlicher, trägt man bald dieselbe robuste Natur, die ohne zeit- und sachgemäße Unterstützung gegen die Krankheit von seite rechtzeitiger Behandlung und guter Pflege nicht Herr zu werden vermochte, hinaus, den Vater von fünf Kindern, und entsetzlich ist der Jammer und das Elend, da man den Ernährer der Familie verloren hat.

Ein anderes Bild: Beim Arbeiten mit der Futterschneidemaschine erleidet die Hand, die das Futter nachschieben wollte, in Folge Unvorsichtigkeit eine scharfe, tiefgehende Verletzung. Im weiten Bogen spritzte anfänglich das Blut in die Höhe, allein mit Hilfe eines Stückes alten Zunders, eingewickelt in eine Spinnwebehaut, und einer um den Arm gebundenen Schnur gelingt es, die Blutung zu stillen; die alte Nachbarin hat ja auch noch den Blutsegen darüber gesprochen, und als man nach dem ersten Schrecken die Wunde besah, schien sie dieser sachkundigen Frau nicht so schlimm, daß es der Mühe wert sei, zum Arzt zu schicken, der ja doch nur gleich schneiden wolle; man behandelt daher die Verletzung in alter Weise selbst mit einer im Hause bereiteten Salbe, und einige Tage scheint auch die Sache ganz gut zu gehen. Da, am dritten Tage, tritt Frost und Hitze ein, der ganze Arm wird schmerzhaft, schwillt an, verdächtige Röte pflanzt sich von der Verletzungsstelle aus den ganzen Arm herauf. Jetzt erst schickt man zum Arzt, die durch Verunreinigung der Wunde verursachte tiefe Lymph= gefäßentzündung macht tiefe Einschnitte bis in den Vorderarm herein mit Eröffnung der Sehnenscheiden nötig, um die unmittelbare Lebensgefahr durch energischen Eingriff zu beseitigen. Es gelingt auch, diese durch Ent= leerung des jauchigen Eiters abzuwehren, aber die Heilung ist eine unend= lich langsame, dauert über die 13 Wochen, während deren die Krankenkasse bezahlt, hinaus, die Invaliditätsversicherung springt ein, und nach weiteren vier Monaten endlich ist der Arm geheilt, aber mit versteifter Hand und mit unbeweglichen zum Teil verkrümmten Fingern, und es erfolgt für den Verletzten der Bezug einer kleinen Rente; er ist und bleibt aber mit seinem arbeitsunfähigen rechten Arm ein Invalide, ein Unglück für ihn selbst, für die Familie, und der Gegenstand lebenslänglicher Rentengewährung für die Invaliditätskasse; weder die Landwirtschaft, noch ein Handwerk kann er be= treiben, er kauft sich eine Drehorgel, zieht auf dem Jahrmarkt herum, wird ein Lump, der auf Gott und die Welt, und besonders auch auf die Kasse schimpft, die ihn nach seiner Meinung um sein gutes Recht auf eine viel höhere Rente betrüge, und im Kreisspital schließt der Arme, der indessen zum unverbesserlichen Alkoholiker geworden, seine Tage, weil seine ursprüng= liche Verletzung durch die Maschine nicht sofort sachkundig behandelt und in der Pflege vernachlässigt wurde.

Und noch ein drittes Bild: Dort in jenem Dorfe, das wir auf der Rückfahrt von unserer ärztlichen Wanderung auf dem Lande noch zu passieren haben, habe ich vor drei Tagen eine Frau, eine Fünft=Gebärende schwer aber glücklich entbunden. Sehen wir im Vorbeigehen nach der Wöchnerin: Merkwürdig, wir finden das Bett in der Kammer leer, rufen nach der Frau und da schleppt sie sich blutleer, gebrochen, und müde aus der Küche herbei. Wir sind entsetzt. Aber es ist Sommer, das Geschäft auf dem Felde drängte, alles was Beine hat, ist hinaus, ein einziges vierjähriges Kind sollte bei der Mutter bleiben und dem Neugeborenen, dem kleinen Schwesterchen, wenn es schreit, den Schoppen zurecht machen. Allein die Kleine kommt mit der übernommenen Hausmutterpflicht nicht zurecht, das Schwesterchen schreit, das Hausmütterchen fällt in der Küche hin, dazu rumort es im Stalle aus irgend einem Grund, und der liebenswürdige Ehemann hat beim Weggehen vom Hause gemeint, „so gut möchte ich es auch einmal haben, faul während des Tages im Bett liegen zu dürfen." Da treibt Pflicht= und Ehrgefühl die Frau am dritten Tage schon aus dem Bett, um die Haushaltung zu ordnen, so gut es eben geht, elend und müde schaltet sie in Küche und Keller. Am fünften Tage bricht sie plötzlich ohnmächtig zusammen, sie wird zu Bett gebracht und sie fiebert. Die bereits am Tage vorher verabschiedete Hebamme wird wieder gerufen, sie drängt auf den Beizug des Arztes, dieser stellt Kindbettfieber fest, ent= fernt die Hebamme wegen Gefahr der Verschleppung, aber, wer soll die Pflege übernehmen? Der dringenden Not gehorchend muß eben der Mann

zu Hause bleiben, der Verdienst bleibt aus, Not leidet die ganze Haus=
haltung, das Neugeborene und vor allem auch die Kranke selbst. So geht
es, da das Kindbettfieber hier eine der lange dauernden Formen ist, Wochen,
ja Monate lang fort, und wenn die Frau am Ende derselben wieder ge=
sundet, so steht sie als Invalidin vom Lager auf, ein Bild des Jammers
und der Sorge für sie selbst, ein Gegenstand erst des Mitleids für den noch
einigermaßen pflichthaftfühlenden Mann, bald aber vielleicht auch des
Überdrusses und der Lieblosigkeit desselben, und der materielle wie mora=
lische Zerfall des Familienlebens, gleichzeitig mit dem gesundheitlichen unserer
Wöchnerin und durch denselben ist das schließliche Los.

Es wäre mir, wie gewiß jedem Kollegen, der eine Reihe von Jahren
auf dem Lande praktiziert hat, ein leichtes, zu diesen Typen, falls es zur
lebensvolleren Gestaltung derselben noch notwendig sein sollte, Name und
Datum des wirklich Erlebten hinzuzufügen, und die Bilder selbst nach Zahl
und Art nach Belieben zu vermehren, indessen dürften auch diese wenigen
genügen, um klar zu legen, in welcher Richtung sich die Ausbildung
unserer Nothelferinnen auf dem Lande, unserer Landkrankenpflegerinnen, be=
wegen muß.

„Die theoretische wie praktische Ausbildung" heißt es daher in der in der
Anlage aufgeführten Statuten „erstreckt sich auf alle Gebiete, welche später
den Gegenstand ihrer Pflege bilden können" und weiter in Paragraph 10,
diese Aufgabe gewissermaßen specialisierend: „Die ureigenste Aufgabe der
Landkrankenpflegerin ist Pflege der Kranken, die ihr zugewiesen werden, oder
zu denen sie gerufen wird, Leistung der ersten Hilfe bei plötzlichen Un=
glücksfällen bis zur Ankunft des Arztes, und in besonderen Fällen sowie
auf Verlangen Übernahme der Hauspflege".

In erster Linie umfaßt diese Aufgabe demnach die Krankenpflege im
engeren Sinne des Wortes, d. h. die Pflege der inneren wie der äußeren=,
der chirurgisch=Kranken; alles was an Pflege sowohl mit dem Gesunden
dieser Kranken direkt oder indirekt, sowie mit dem Schutze zusammenhängt,
den die Pflegerin selbst sowie die ganze übrige Umgebung des Kranken
gegenüber der vom Kranken ausgehenden eventuellen Infektionsgefahr
beanspruchen müssen, wird deshalb Gegenstand der Unterweisung der
Pflegerin sein müssen: Das Krankenzimmer und die an dasselbe zu
stellenden Anforderungen in Bezug auf Größe, Lage, Lüftung, Be=
leuchtung, Heizung und Ausstattung, das Krankenbett mit all seinen
Bestandteilen, und endlich der Kranke selbst mit allem, was die persön=
liche Pflege desselben irgendwie nur berühren kann: die Darreichung der
Arzneien in allen Formen und Gestalten bei innerer wie äußerer Anwen=
dung, die Applikation äußerer therapeutischer Einwirkungen auf den Kranken,
die Krankenernährung und dann besonders noch zwei Dinge: Die pflicht=
hafte und taktvolle Beobachtung des Kranken in Bezug auf Temperatur,
Puls, Schlaf, Verrichtungen u. dergl. und die seelische Behandlung desselben
in allen Wechselfällen seines Leidens. Bei Infektionskranken kommen hinzu
die notwendigsten Begriffe der Entstehung dieser Krankheiten sowie die von
dem Schutze gegen dieselben; bei chirurgischen Kranken dann insbesondere
Theorie und Praxis der Aseptik und Antiseptik, die Angewöhnung an die

absoluteste Reinlichkeit, die Vorbereitungen zu, sowie die auf dem Lande nicht selten notwendige Hilfeleistung bei Operationen, durchaus Dinge, deren Erlernung und Aneignung gerade für eine Krankenpflegerin auf dem Lande, fast mehr wie bei einer solchen in der Stadt, notwendig ist. Das Beste und Vollkommenste, was an Ausbildung für eine Krankenpflegerin geboten werden kann, ist für die so vielfach allein nur auf die eigene Autorität angewiesene und unter eigenster Verantwortung handelnde Landkrankenpflegerin gut genug, da ja selbstredend auch bei ihr die Frucht der ersten Aussaat entsprechend sein wird.

Und der bis heute gezeitigten Früchte braucht sich die badische Landkrankenpflege sicherlich in keiner Weise zu schämen: Nach der von mir für das Jahr 1898 gefertigten Zusammenstellung, deren Ergebnisse aus der nachfolgenden Tabelle des näheren ersichtlich sind, entfallen auf 78 Landkrankenpflegerinnen desselben Jahres — die Summe der derzeit im Lande vorhandenen beträgt 88; hiervon waren im Jahre 1878 auf dem Lande in unserem Sinne thätig 78, 2 in Amtsstädten (Bonndorf und Eppingen) beschäftigt, während das Jahr 1899 einen Zuwachs von acht brachte — 3422 verpflegte Kranke, 8318 Verpflegungstage, 1960 Pflegenächte, 39428 Einzelleistungen (Besuche, Verbände ꝛc.), demnach also 49706 Gesamtleistungen, so daß auf eine Pflegerin durchschnittlich 44 verpflegte Kranke, 106 Verpflegungstage, 24 Pflegenächte, dagegen 505 Einzelleistungen und 637 Gesamtleistungen entfallen, Zahlen, die vielleicht zunächst, an und für sich betrachtet, durch ihre Größe zwar nicht gewaltig imponieren können, welche aber dennoch im einzelnen ganz imposante Leistungen in sich bergen in Anbetracht der Kleinheit der Verhältnisse, unter welchen diese Pflegerinnen arbeiten und im Hinblick auf die Thatsache, daß bei einzelnen unserer Landkrankenpflegerinnen — und welche das sind, darauf werde ich unten noch zurückzukommen haben, — verpflegte Kranke sowohl wie Verpflegungstage und Pflegenächte, Einzelbesuche wie Gesamtleistungen in solchen Zahlen sich bewegen, daß auch die beschäftigtste Berufspflegerin mehr zu leisten wohl kaum im stande sein dürfte.

Für die ganze Frage unserer Landkrankenpflege, und insbesondere für die Teilfrage nach der Art und dem Inhalt der für sie notwendigen Ausbildung der Pflegerinnen wichtig dürfte eine kurze Erörterung des Punktes sein, inwieweit Landkrankenpflegerinnen auch auf dem Gebiete der ersten Hilfe und in der Hauspflege — und hier kommt namentlich die Wochenbettpflege in Betracht — zu unterrichten seien.

In Bezug auf die Unterweisung in der ersten Hilfe möchte ich darauf hinweisen, daß auf den Landorten neben der Hebamme die Krankenpflegerin die einzige Medizinalperson zu sein pflegt, die vom Kranksein und dem Gesundwerden und dessen Bedingungen wie von erster Hilfe in Unglücksfällen etwas versteht, und hierbei die Rolle einer Vertrauensperson spielt, von der man ein über das gewöhnlichen Laien zukommende Maß hinausgehendes Wissen und Können voraussetzt. Zu ihr wird man in erster Linie seine Zuflucht nehmen und gerade bei plötzlich eintretenden Unglücksfällen ist es, wo nach meiner Erfahrung die Pflegerin bei mutigem und geschicktem Zugreifen mit einem Schlag sich alles Vertrauen erwerben kann.

Tabelle d.

Kreise	Zahl der Landkrankenpflegerinnen (1898)	Zahl der von denselben verpflegten Kranken	Leistungen der Landkrankenpflegerinnen — eigentliche Krankenpflege — Tagpflegen	Nachtpflegen	Einzelleitungen	Hauspflege — Anzahl b. verpfl. Wöchnerinnen	in Tagen	Erste Hülfe bei plötzlichen Unfällen	Gesamtleitungen	auf eine Pflegerin	Entlohnung der Landkrankenpflegerinnen — durch festen Gehalt ℳ	durch Bezahlung der Einzelleitung ℳ	Zusammen ℳ	Jahresbedienst einer Pflegerin ℳ	Entlohnung der Einzelleitung ₰
Konstanz	3	156	156	96	1428	5	50	4	1680	566	340	189	529	176,30	31
Villingen	3	85	295	99	1780	6	60	1	2174	724	490	85	575	163,30	22
Waldshut	6	119	440	180	756	8	80	18	1376	221	881	202,65	1083,65	180,50	81
Lörrach	18	229	820	526	6757	7	70	41	8103	450	2686	1187,40	3873,40	215,16	47
Freiburg	7	178	646	268	1159	8	80	10	2073	296	830	593,11	1423,11	203,28	68
Offenburg	5	59	729	189	37	5	50	—	955	191	395	108,60	503,60	100,72	52
Karlsruhe	30	1694	3722	702	14351	13	130	142	18375	612	4724	1619,70	6343,70	211,10	34
Heidelberg	3	291	606	160	8293	2	20	1	9059	3019	865	—	865	288,33	9
Baden	—	—	—	—	—	—	—	—	3186	3186	—	—	—	—	—
Mannheim	1	280	365	52	2769	—	—	26	3186	3186	420	—	420	420	13
Mosbach	2	331	539	88	2098	6	60	—	2725	1362	670	—	670	335	24
Großhzgt. Baden	78	3422	8318	1960	39428	60	600	243	49706	604	12301	3985,46	16286,46	209,62	33

Und solche Not- und Unglücksfälle, in denen sachgemäße erste Hilfe bis zur Ankunft des Arztes von der allergrößten Bedeutung ist, giebt es in der That gerade auf dem Lande viel mehr, als man in der Regel ahnt. Die heutige Landwirtschaft mit ihrem immer mehr zunehmenden maschinellen Betriebe, die Arbeiten in Wald, Flur und Feld bringen eine Unsumme von Gefahren der Verletzung sehr oft der schwersten Art (f. Anm. * auf S. 29), und die Unfallstatistiken der Versicherungsgesellschaften weisen immer mehr wachsende Zahlen von Fällen auf, in welchen der verwirklichte Esmarchsche Gedanke von der ersten rettenden Laienhilfe für den Ausgang dieser Fälle die bedeutende Rolle spielte.

Was auf diesem Gebiete in einfachen ländlichen Verhältnissen bei gutem Willen und gewecktem Verständnis für die Sache geleistet werden kann, davon giebt ein nachahmenswertes Beispiel und Vorbild der badische Amtsbezirk Donaueschingen: Auf Anregung und unter thatkräftigster Mithilfe der früheren Fürstin zu Fürstenberg, derzeitigen Gräfin Castellane wurde dort im Jahre 1891 der alle Orte des Bezirks umfassende Bezirkssamariterverein gegründet mit dem Centralverein in Donaueschingen und 36 Ortsvereinen, von denen jeder einzelne nicht nur eine Anzahl in der ersten Hilfe ausgebildeter und in Jahrelang fortgesetzten Wanderkursen geschulter Leute, sondern auch einen reich ausgestatteten Notkasten besitzt, der neben den notwendigsten Verbandmitteln und Arzneien noch einen Vorrat an Gegenständen der Krankenpflege enthält, deren Vorhandensein seit Jahren für die ganze Bevölkerung, und zwar von Ärzten wie von Laien anerkannt, als eine ungemein segensreiche Einrichtung sich erwiesen hat. Zu diesen Krankenpflegegerätschaften gehören Eisbeutel, zusammenlegbare und darum gerade für die ländlichen Verhältnisse geeignete, weil leicht transportable Badewannen aus wasserdichtem Segeltuch, ferner ebensolche Tragbahren, dann Tücher, Binden, Schienen u. dergl. Dinge, die für die gesamte gesundheitliche Wohlfahrtspflege auf dem Lande von der größten Bedeutung sind, unter der selbstverständlichen Bedingung, daß Leute vorhanden sind, welche unter persönlicher Verantwortung dieselben in Obhut nehmen, sie in richtiger Weise zu gebrauchen verstehen und nicht etwa zu kurpfuscherischen Zwecken mißbrauchen. Auf den letzteren Punkt werde ich unten noch zurückkommen.

Die Thatsache, daß der circa 2300 Mitglieder zählende Bezirkssamariterverein Donaueschingen seit seiner Gründung im Jahre 1891 in 2214 Unfällen, und darunter in recht schweren, erfolgreiche Hilfe leistete und sich mit seinen lächerlich geringen Jahresbeiträgen — 20 Pfennige pro Mitglied und Jahr — nachdem er durch hochherzige Einzelspenden fondiert war, sich selbst erhält, also ein nicht nur nachahmungswertes sondern auch ein nachahmungsmögliches Beispiel von Selbsthilfe in sich birgt, rechtfertigt es wohl, daß ich die Statuten dieses ländlichen Wohlfahrtsvereins in der Anlage II hier beifüge.

Die von unseren 78 Landkrankenpflegerinnen des Jahres 1898 aufgezeichneten Fälle der ersten Hilfeleistung betragen nach obiger tabellarischer Zusammenstellung 243, eine verhältnismäßig geringe Zahl, die aber an Bedeutung deshalb nicht gering ist, weil diese Art der Thätigkeit der Pflegerinnen gewissermaßen erst im Entstehen begriffen ist, und weil nur verhältnismäßig schwerere Fälle mit in das Verzeichnis aufgenommen wurden. Sind diese in der That auch keine zu lauter Ruhmrede und eitler Reklame zu benützende Lebensrettungen, so ist das, was durch solches sach= gemäße Eingreifen verhütet werden kann und gewiß auch in vielen Fällen verhütet worden ist, doch sicher wichtig genug, um in dieser ersten Hilfe= leistung eine durchaus zeitgemäße und dankenswerte Aufgabe der Landkranken= pflege zu erblicken; ähnliche Bestrebungen sehen wir ja auch allenthalben in anderwärtigen Institutionen, die den Zweck verfolgen, die Landbevölkerung in den Besitz von Gegenständen und Gerätschaften der ersten Hilfe zu bringen, so in der rühmlich bekannten Charlottenpflege in Württemberg, vertreten, aber ich meine, diese Schöpfungen alle sollten erst recht Fleisch, Blut und Leben dadurch erhalten, wenn wir in der Landkrankenpflegerin die Person stellen, die diese Gegenstände im notwendig reinlichen Zustand zu bewahren und gegebenen Falles richtig anzuwenden versteht.

Eine weitere, nicht nur vom humanitären, sondern namentlich auch vom socialen Standpunkt erfolgreiche und segensvolle Aufgabe unserer Land= krankenpflege ist die Übernahme der Hauspflege.

Es ist bekannt, wie gerade diese Art pflegerischer Fürsorge für arme in Not befindliche Familien nach dem von dem rühmlichst wirkenden Frankfurter Hauspflegeverein seit Jahren gegebenen Vorbild von größtem Segen zu sein pflegt, und ich hielte es geradezu für eine Unterlassungssünde, wenn nicht auch auf diesem Felde sich unsere Landkrankenpflege zu erproben und nützlich zu machen suchte.

Der Frankfurter Hauspflegeverein erblickt bekanntlich seine Aufgabe darin, durch Stellung zuverlässiger Pflegerinnen da, wo Wochenbett und Krankheit die Thätigkeit der Hausfrau unterbrechen, der Familie einen Er= satz zu bieten durch Anstellung unbemittelter Frauen, welche so als Haus= pflegerinnen für sich einen bescheidenen Erwerb finden. Die Arbeit der= selben wird von freiwillig sich meldenden Damen überwacht. Naturgemäß handelt es sich hierbei hauptsächlich um die Fürsorge für den Haushalt von Wöchnerinnen, also um eine Art von Wochenbettpflege in diesem weiteren Sinne des Wortes.

Wenn ich heute die Übernahme der Hauspflege bei Wöchnerinnen als einen besonders segensreichen Teil der Thätigkeit der Landkrankenpflegerin empfehle, so bin ich der Öffentlichkeit und gewissermaßen auch mir selbst eine Erklärung an dieser Stelle schuldig darüber, wann, unter welchen Voraussetzungen und Bedingungen ich diese Vermischung und Verbindung von Krankenpflege und Wochenbettpflege zu konzedieren mich für berechtigt halte.

Als ich vor drei Jahren in Würzburg auf dem Verbandstag der deutschen Frauen= und Pflegevereine vom roten Kreuz, und vor zwei Jahren auf der Generalversammlung d. D. Ver. f. Armenpflege und Wohlthätig= keit in Kiel das Thema Wochenbettpflege als Referent zu vertreten die Ehre hatte, ging ich hierbei von den Erfahrungen aus, welche der Donau= eschinger Frauenverein, dem ich damals als Beirat angehörte, mit dem unter der zielbewußten Leitung seiner Präsidentin, der bereits erwähnten Fürstin Fürstenberg inaugurierten System der Wochenbettpflege durch fest angestellte und geschulte Wochenbettpflegerinnen gemacht hatte; und wenn ich nun heute dieselbe Sache unter, scheinbar wenigstens, anderer, damals als untauglich von der Hand gewiesener Form empfehle, so könnte man mich zum vornherein des Widerspruchs mit mir selber zeihen. Der ist in der That nur scheinbar vorhanden: Ich stehe auch heute noch auf dem vollständig gleichen Standpunkt, indem ich sage: Wollen wir in der Wochenbettpflege allen Bedürfnissen gerecht werden, welche dieselbe auf dem Lande, zumal bei armen und hilfsbedürftigen Frauen zu Tage treten läßt, dann müssen wir das in Würzburg und Kiel empfohlene Donaueschinger System — wenn ich so sagen darf, — das durch geschulte und nur mit Wochenbettpflegerinnen durchgeführte System einführen, weil nur bei ihm es möglich ist, nicht nur bei vollständig gesunden Wöchnerinnen die Pflege durchzuführen, sondern auch bei erkrankten und speciell bei wochenbettfieberkranken Frauen, da nur geschulte und auf Wochenbettpflege sich beschränkende Frauen im stande sind, die Hebamme zu ersetzen, die wir aus Gründen der Ansteckungsgefahr wegnehmen müssen. Gerade die geschickte und glückliche Kombination von Hauspflege und der persönlichen Pflege von Wöchnerinnen und Neugeborenen ist es, die in Donaueschingen auch unter der jetzigen tüchtigen Führung J. D. der Fürstin Irma zu Fürstenberg bis heute in stets aufsteigender Linie so vorzügliche Resultate erzielt hat, die in den wenigen Zahlen, die ich hier mitteilen kann, ihren prägnantesten Ausdruck finden: Die Anzahl der Pflegerinnen, im Jahre 1894 nur eine, hat sich auf drei gesteigert, die Anzahl der Wöchnerinnen von 16 des ersten Jahres auf 76, also fast um das fünffache im Jahr 1898, die Anzahl der Verpflegungstage von 148 des Jahres 1894 auf 800 im verflossenen Jahre, also in einer immer aufsteigenden Bewegung, die auch im laufenden Jahre noch fortdauert, wie aus den bis zum 15. Mai erzielten 315 Pflegetagen deutlich hervorgeht.

Ich glaube daran erinnern zu müssen, daß diese gewiß höchst befriedigenden Erfolge hauptsächlich nur zurückzuführen sind darauf, daß die Pflegerinnen unter zielbewußter Leitung und ständiger sachverständiger Kontrolle stehend nicht gegen Entlohnung der Einzelleistung thätig sind, sondern gegen ein fixiertes Jahreseinkommen, das ihnen vom Verein garantiert und vom Kreis wie von den an der Einrichtung participierenden Gemeinden zu gleichen Teilen getragen wird, und ich meine, daß, was in Donaueschingen möglich ist, auch anderwärts durchführbar sei, und es wünschenswert ist, daß wenigstens der ehrliche Versuch hierzu gemacht wird, weil, so lange aus der Erfahrung des Lebens heraus uns nicht etwas Besseres bekannt wird, wir, neben den Wöchnerinnenasylen der Städte, für das Land und die Landbevölkerung diese Pflegeart für das denkbar Beste halten müssen.

Und wenn ich nun trotzdem die Wochenbettpflege als Hauspflege für die Landkrankenpflegerin reklamiere, so geschieht es aus der Erfahrung heraus, daß die Notwendigkeit, kranke Frauen, und speciell wochenfieberkranke Frauen zu pflegen, doch eben eine nicht häufige ist, daß doch die Hauptaufgabe der Pflege, ja der hauptsächlichste Nutzen, der aus der ganzen Einrichtung fließt, immer der sein wird, die Hauspflege zu übernehmen, den Hausstand aufrecht zu erhalten, zu verhüten, daß der Haushalt rückwärts und der Mann ins Wirtshaus geht, und zu bewirken, daß die Frau in körperlicher und seelischer Ruhe bis zur notwendigsten Wiederherstellung ihrer Kräfte zu Bett bleiben kann.

Dieser Aufgabe kann auch die Landkrankenpflege gerecht werden, jedoch unter der wohl selbstverständlichen Bedingung, daß die Hauspflegerin während der Zeit der Übernahme der Hauspflege nur Hauspflegerin und nicht zugleich auch Krankenpflegerin ist, daß sie dementsprechend nicht etwa gleichzeitig Dyphtherie- und Scharlachkranke besucht und so den Ansteckungskeim in das Pflegehaus, oder gar in und auf die Wöchnerin selbst, übertrage.

Für die gute Besorgung der Hauswirtschaft bürgt uns der Unterricht, den die Landkrankenpflegerin während der Unterrichtszeit speciell auch im Kochen erhält, für die Erfüllung der zweiten Bedingung aber muß uns ihre Gewissenhaftigkeit, ihr Charakter bürgen, und ferner besonders auch der Frauenverein, in dessen Dienst oder unter dessen Schutz und Überwachung sie steht; unter diesen Voraussetzungen wird die Landkrankenpflege gerade auch in Wochenpflege noch mehr Segen stiften als dieses bisher, wo dieser Zweig ihrer Thätigkeit erst in seiner Entwicklung begriffen zu sein scheint, der Fall war. Im Jahre 1898 betrug die Zahl der von unseren Pflegerinnen — nur ein kleiner Teil beschäftigte sich mit Wöchnerinnenpflege — gepflegten Wöchnerinnen 60, die der Verpflegungstage, jede Pflege zu durchschnittlich zehn Tage berechnet, 600, einstweilen fraglos noch ein kleiner, aber sicherlich viel versprechender Anfang.

Die gesamte Ausbildungszeit dauert bis jetzt drei Monate, wovon sechs Wochen auf die theoretische, die übrige Zeit auf die praktische Ausbildung entfiel, fraglos eine relativ, d. h. in Anbetracht des übergroßen Gebietes von Wissen und Können, das zu bearbeiten und geistig anzueignen ist, recht kurze Zeit, namentlich kurz im Hinblick auf die praktische Schulung, deren Durchführung auf all den erwähnten Pflegegebieten als wünschenswert erscheinen muß. Wesentlich waren es bisher finanzielle Gründe, welche die Ausdehnung der Unterrichtsdauer auf fünf Monate bis zu $1/2$ Jahr bisher verboten, aber wir hoffen, indem wir einstweilen mit dem mit den gegebenen Kräften erreichbaren Guten uns zufrieden geben, daß, bei Erstarkung der materiellen und zwar finanziellen Basis der ganzen Unternehmung auch das Bessere der wesentlich verlängerten Unterrichtsdauer uns zu erreichen möglich sein wird.

Nach Festlegung der Grundsätze für die Auswahl und Ausbildung der Landkrankenpflegerin nach Inhalt und Dauer der letzteren blieb und bleibt es wohl als zweites wichtigstes Erfordernis über: die Präcisierung ihrer ganzen Stellung in materieller wie socialer Beziehung, die Regelung ihres Verhältnisses zu dem sie entsendenden Verein, der Gemeinde, dem Kreis auf der einen Seite, auf der andern zu den zu Pflegenden, zu ihrer beruflichen Klientel, kurz die Fondierung ihres moralisch-ethischen wie materiellen Rückhalts. Hierfür bestimmend sind die Paragraphen 6, 7, 8, 9 und 10 der in Beilage I enthaltenen Statuten, deren Inhalt einer näheren Erläuterung und Erklärung des Wortlauts zwar nicht bedarf, wohl aber eine eingehende Begründung behufs Vermeidung von Mißverständnissen als angebracht erscheinen läßt:

Das Sprichwort von dem Prophet im eigenen Vaterland hat seine schwerwiegende Bedeutung für jede Person, die in der eigenen Gemeinde eine irgendwie, wenn auch noch so geringe autoritative Stellung einnehmen will. Der neidischen, klatschsüchtigen, boshaften Kritik unterliegt in der Regel, namentlich im Anfang der Stellungseinnahme, alles, vom Bügermeister an bis herunter zum Nachtwächter; auch die Landkrankenpflegerin wird ihr nicht entgehen können, wenn sie nicht alsbald, sich stützend auf den eigenen moralischen Halt, den Charakter, eines lebhaften inneren Standesbewußtseins voll, zu zeigen versteht, daß sie etwas gelernt hat und etwas Tüchtiges zu leisten im stande ist, und wenn ihre äußere Stellung nicht zum vornherein so gefestigt ist, daß nicht die erste beste feindliche, verwandtliche oder antiverwandtliche Strömung dieselbe zu erschüttern vermag; den Charakter hat sie von Hause mitzubringen, das tüchtige Wissen und Können von der Schule, die äußere Stellung aber muß ihr gegeben werden von allen, die an dem Gedeihen dieses Instituts der Krankenpflege ein natürliches Interesse haben, von den die Pflegerin entsendenden Vereinen, den Gemeinden, dem Kreise, und dann vor allem auch von seiten der Geistlichen und der Ärzte, besonders der Sanitätsbeamten. Die Pflegerin-Kandidatin wird nach unserer Erfahrung gut daran thun, diese äußeren Beziehungen, schon ehe sie sich in den Unterricht begiebt, nach allen Seiten hin klar festzulegen, namentlich auch nach der materiellen, damit nicht nach deren Heimkehr der Streit um den Lohngroschen auf beiden Seiten das Vertrauen, den guten Willen, den Mut und die Hoffnung zerstöre.

Abgesehen von der materiellen Grundlage der Stellung, ist die persönliche moralische Anlehnung an die Frauenvereine, die Ärzte, die Geistlichkeit besonders wichtig, und es sollte daher diese Anlehnung von seiten der Pflegerin gerne gesucht, von seiten der aufgesuchten Faktoren aber gerne und nach Kräften gewährt werden, angesichts des gemeinsamen Interesses, das ihnen die Pflegerin verbindet.

Den Sanitätsbeamten besonders möchte ich an dieser Stelle die Förderung der Landkrankenpflege in Form persönlicher warmer Anteilnahme am Wohl und Wehe der Pflegerin, an ihrer Arbeit und ihrem ganzen Thun und Treiben warm ans Herz legen, da es ihnen vor allem zukommt, die Pflegerin zu überwachen, zu belehren, aufzumuntern, zu tadeln wie zu loben, und angesichts des großen Interesses, das auch die öffentliche Gesundheitspflege an der Förderung der Krankenpflege auf dem Lande zu nehmen hat; aber auch die Behörden, geistliche wie weltliche, sollten nicht verkennen, daß die Landkrankenpflegerin in der großen Fürsorgefamilie für das öffentliche Wohl die jüngste, und deshalb schon der Leitung und des Schutzes bedürftigste Tochter ist, an der es gewissermaßen Elternstelle zu vertreten gilt.

Es sei hier der Ort auf einige Einwürfe einzugehen, welche zum Teil bei der Verhandlung über das gleiche Thema auf dem diesjährigen IV. Verbandstag der Deutschen Frauen- und Hilfs-Vereine vom roten Kreuz in Heidelberg gegen die Einrichtung unserer Landkrankenpflege gemacht wurden, zum Teil auch, wie ja bei jeder menschlichen Institution selbstverständlich, in Anschuldigungen bestehen, die, wenn berechtigt, allerdings die Einrichtung in berechtigten Mißkredit zu bringen im stande wären.

In ersterer Beziehung handelte es sich um die Befürchtung, daß die

Landkrankenpflegerinnen, nachdem sie einige Zeit gepflegt und sich auf ihrem Arbeitsgebiet sicher zu bewegen gelernt haben, vom Lande weg nach der Stadt ziehen, um dort die Reihen der sog. „milden Schwester" zu vergrößern, dann um die weitere Besorgnis, daß durch die Landkrankenpflegerinnen Krankheits- und Infektions-Keime aus der eigenen Familie in die Fremde, oder umgekehrt, geschleppt würden.

Gegenüber der ersteren Befürchtung kann ich feststellen, daß während der 15 Jahre des Bestehens der badischen Landkrankenpflege ein solch treuloses Verlassen des Postens nicht beobachtet wurde; wohl kam es vor, daß Pflegerinnen von dem Pflegeberuf, der sie materiell und auch sonst nicht befriedigte, zurücktraten und andern geeigneteren Personen Platz machten, oder auch, daß Pflegerinnen in Folge irgend welcher Differenzen mit dem entsendenden Frauenverein, der Kreis- oder Gemeindeverwaltung von dem Vertragsverhältnis sich loslösten und, jedoch in der Gemeinde verbleibend, ganz auf eigene Füße sich stellten; allein die Fälle sind doch im ganzen selten und führen in der Regel in kurzer Zeit dazu, daß der Pflegeposten bald einer tauglicheren Pflegerin, vielleicht einer Diakonissin oder Ordensschwester, anvertraut wird. Der Hauptzweck, daß der Sinn und das Bedürfnis für Krankenpflege geweckt wird und in irgend einer Form seine Befriedigung findet, daß schließlich eben doch gepflegt wird, ist dennoch erreicht.

Gegenüber der Besorgnis, daß durch die mit Familien an Ort und Stelle verwandtschaftlich verbundene Landkrankenpflegerin Infektionskeime übertragen werden können, muß und konnte in Heidelberg darauf hingewiesen werden, einmal, daß unsere Landkrankenpflegerinnen in der Regel nahezu vollständig familienlos insofern sind, als zu dem Berufe sich zumeist ältere ledige Jungfrauen oder auch kinderlose Witwen, fast niemals verheiratete Frauen oder gar solche mit Kindern sich melden — heiraten ledige Landkrankenpflegerinnen, dann geben sie zumeist ihren Pflegeberuf vollständig auf — und dann, daß die Landkrankenpflegerin sowohl aus ihrem Unterrichtskurs im Besitze aller jener Kenntnisse ist oder wenigstens sein soll und kann, welche den Schutz vor Infektionsgefahren am Krankenbett in sich schließen, als auch jener Ausrüstungsgegenstände, welche die volle Realisierung dieses Schutzes erleichtern bezw. ermöglichen.

Wie jede andere Berufspflegerin wird die Landkrankenpflegerin auf die Notwendigkeit der Handhabung strengster Reinlichkeit am Krankenbett hingewiesen, und die technische Durchführung aller von Aseptik und Antiseptik vorgeschriebenen Verkehrmaßregeln ist ein Hauptbestandteil ihrer ganzen praktischen Ausbildung; außerdem ist sie im Besitze sowohl der notwendigsten Desinficientien als auch besonderer im Dienst zu tragender Kleider, hauptsächlich auch eines das ganze Kleid bedeckenden weißen Dienstschürze, welche das darunter befindliche Kleid vor dem Anhaften von Infektionskeimen, die etwa vom Kranken ausgehen, den Kranken selbst aber vor solchen, die etwa von dem Kleid der Pflegerin auf ihn übergehen könnten, zu schützen bestimmt ist; unsere Landkrankenpflegerin ist daher in nicht höherem Maße als Infektionsträgerin zu fürchten, als schließlich jede Berufskrankenpflegerin, und der Arzt selbst; wie diese bleibt aber selbstredend auch sie menschlichen

Gebrechen und Unvollkommenheiten unterworfen, auch von ihr hat darum zu gelten: Optimum voluisse satis est.

Viel ernster erscheint mir der Vorwurf und die nicht nur von Laien, sondern, wie ich höre, sogar von Ärzten und Sanitätsbeamten gehegte und verlautbarte Befürchtung, daß die Landkrankenpflegerin draußen auf dem Dorfe zur Pfuscherin degeneriere und für den rechtzeitigen Beizug eines Arztes viel eher ein Hindernis als ein Förderungsmittel sei. Es ist ja richtig, daß die Leute auf dem Lande, sobald eine Erkrankung auftritt, ein kleiner Unglücksfall sich ereignet, zunächst zu der „billigeren" Krankenpflegerin laufen, ehe sie nach dem entfernten und „teueren" Doktor schicken. Dasselbe gilt aber nicht nur von der Landkrankenpflegerin sondern auch von der Hebamme, dem Dorfbarbier, und auch von jeder Berufspflegerin. Sache der ureigensten Gewissenhaftigkeit und des Taktes, des lebendigen Verantwortungsgefühls wird es immer sein, diese Heil=Hilfspersonen innerhalb der Schranken ihres Wissens und Könnens zurückzuhalten, zu verhüten, daß sie kurpfuschen. Ich mache hinweisend aufmerksam auf Paragraph 12 unserer Statuten, und ferner auf die in der speciellen Dienstweisung enthaltenen Vorschriften, welche den Landkrankenpflegerinnen jeglichen Übergriff über ihre Befugnisse strenge verbieten, und ihnen für die Einzelfälle, sowohl bei der Pflege in ärztlicher Behandlung stehender wie nicht in Behandlung befindlicher Patienten, namentlich aber auch bei Eintritt plötzlicher Unglücksfälle ihr Verhalten genau vorschreiben. Es ist nicht zu verkennen, und menschlich ja ebenso naheliegend wie auch meiner ärztlichen Erfahrung entsprechend, daß die Versuchung, den Doktor zu spielen, bei jeglichem Pflegepersonal sowie bei allen Personen der sog. niederen Heilkunde, bei Heilgehilfen und dergl. um so näher liegt, je weiter dieselben von den wirklichen Ärzten entfernt wohnen, und je weniger sie sich kontrolliert fühlen, je tiefer schließlich des Niveau ihrer eigenen beruflichen wie nicht beruflichen Verstandes= und Charakterbildung gelegen ist. Es wird daher stets Sache der Ausbildung unserer Pflegerinnen sein, beim Unterricht auf die Hebung letzterer nach Kräften hinzuwirken, dann aber auch Pflicht, und zwar eine geradezu gebieterische Pflicht, mit Takt und Geschick die Thätigkeit derselben immer liebevoll, aber strenge zu überwachen. Die Damen der Frauenvereine, besonders aber Ärzte und Sanitätsbeamte, können sich nach dieser Richtung erhebliche Verdienste erwerben, und die Frucht dieses zielbewußten Zusammenwirkens wird überall sein — das entspricht unserer in 15 Jahren gemachten Erfahrung — daß wirklich wilde, schlecht fruchttragende Schosse am Baum unserer Institution rasch abgeschnitten und entfernt werden, daß aber der gute Stamm bleibt und das schließliche Gesamtresultat dem in den Boden eingepflanzten guten Kern entspricht. Es entspricht durchaus meiner Erfahrung, die ich reichlich sowohl gelegentlich der Überwachung der im Amtsbezirk Donaueschingen thätigen Wochenbettpflegerinnen, als auch bei Beobachtung der Thätigkeit der Landkrankenpflegerinnen zu machen Gelegenheit hatte, daß derartige den Pflegerinnen gemachte Vorwürfe der Pfuscherei oder auch sonstigen persönlich unliebsamen Verhaltens um so weniger vorkommen, je eifriger, je eingehender und je sachgemäßer die Thätigkeit derselben von den dazu Berufenen kontrolliert zu werden pflegt.

Wirklich tadelnswertes Verhalten der Pflegerinnen wird hierdurch meist im Keime schon erstickt, ungerechte Vorwürfe aber auch sehr bald bei strengem Eingehen auf die Sache auf boshaften Klatsch zurückgeführt. Gerade an der Schutz- und Haltlosigkeit, die besonders da zu fürchten ist, wo keine Frauenvereine sich der Pflegerinnen annehmen, ist nicht selten die eine oder andere unserer Landkrankenpflegerinnen gestrauchelt und deshalb, meine ich, sollten eben überall da, wo mit der Einführung der Landkrankenpflege Ernst gemacht werden soll, zugleich auch mit der Bildung eines Frauenvereins, falls ein solcher nicht schon am Orte existiert, vorgegangen werden, da sich Beider Thätigkeit gegenseitig ergänzt, stützt und schützt.

In richtiger Erkenntnis des großen Wertes dieses ethischen Momentes, des dringenden Bedürfnisses der Landkrankenpflege an moralischem Rückhalt, hat der Bad. Frauenverein, und besonders auch dessen Hohe Protektorin. J. K. H. die Großherzogin, wiewohl die Landkrankenpflegerinnen nach ihrer Entlassung aus dem Unterricht durchaus in keinem Dienst- oder Vertragsverhältnis zum Bad. Frauenverein mehr stehen, Anknüpfungspunkte geschaffen, die den Zweck haben, einen gewissen seelischen Rückanschluß an die Leitung des Centralvereins zu schaffen und zu erhalten: Das von J. K. H. der Großherzogin für die Landkrankenpflegerinnen gestiftete silberne Dienstkreuz, das ebenfalls von der Hohen Frau denselben bei der Entlassung aus dem Unterrichtskurs geschenkte Dienstkleid mit Kopfbedeckung — alle diese Gegenstände haben selbstredend nicht den Zweck, die Trägerinnen derselben stolz von ihrer Umgebung abzuheben, vielmehr nur den, sichtbare Zeichen zu sein, welche dieselben stets an den Ernst der übernommenen Aufgabe erinnern sollen. In der vollständig gleich liebevollen Absicht läßt der Bad. Frauenverein alljährlich einmal die Landpflegestationen durch eine Krankenschwester besuchen und hierbei persönlich, sowie durch eine der Vorstandsdamen brieflich, über ihre Leistungsfähigkeit wie Leistungen Erkundigungen einziehen.

Das festeste, unumgängliche nötige knöcherne Rückgrat der ganzen socialen Stellung der Landkrankenpflege ist indessen und wird immer sein ihre materielle, vertragsmäßig festgesetzte Entlohnung. Der Mensch lebt bekanntlich nicht **allein** vom Brot, allein **ohne** Brot vermag selbstredend auch die Landkrankenpflegerin nicht zu leben, und deshalb ist, da sie ja doch einen großen Teil ihrer Zeit und ihrer Kraft dem Pflegeberuf widmen soll, eine entsprechende auskömmliche Entschädigung hierfür nicht nur billig sondern auch notwendig.

Ich habe über die Art und Höhe der Entlohnung unserer Landkrankenpflegerinnen, also über die Höhe ihrer Einnahmen aus festem Gehalt wie aus Bezahlung der Einzelleistungen im Jahre 1898 Erhebungen machen lassen, und die Schlußergebnisse derselben, deren Einzelheiten zum Teil oben in Tabelle d auf Seite 16 enthalten sind, sind im Hinblick auf die ganze Stellung der Landkrankenpflegerinnen wie auf ihre Leistungen so interessant, daß ich dieselben in nuce wenigstens hier anführen zu müssen glaube; ich setze dabei voraus, daß niemand meint, daß unsere Landkrankenpflege überhaupt zu den Erwerbsberufen gezählt werden darf; wer reich werden will, darf bei uns nicht einmal Landarzt, geschweige denn Land-

Die Kranken- und Hauspflege auf dem Lande.

krankenpflegerin werden; dazu sind die Verhältnisse in keiner Weise angethan: Das Ideal im tiefen Herzen, nützlich zu sein, muß beide lebendig und frisch erhalten, sollen nicht die beiden schönen Berufsarten zum öden Handwerk herab sinken.

Unsere Landkrankenpflegerinnen stammen in der Mehrzahl der Fälle aus kleinen und armen Gemeinden; um den Pflegerinnen ein kleines, festes Einkommen zu sichern, mußten in der Regel die Kreise, nachdem sie bereits die Ausbildungskosten übernommen hatten, noch ein Erhebliches beisteuern, und außerdem noch, um ein kleines einigermaßen auskömmliches Einkommen zu schaffen, von zahlungsfähigen Verpflegten Zahlung der Einzelleistung, zu allerdings sehr geringen Taxen, durchgeführt werden.

So entstanden folgende Entlohnungsarten: fixierte Gehalte allein, fixierte Gehalte mit Einzelvergütung und endlich, in allerdings nur wenigen Fällen, Einzelbezahlung allein.

Von 79 Landkrankenpflegerinnen des Jahres 1898 sind ohne festen Gehalt, rein nur auf ihren Verdienst für Einzelleistungen aus der Pflege angewiesen zwei; hiervon hatte die eine während des Jahres nur 61 Einzelleistungen zu verzeichnen, eine jede derselben zu 57 Pf., also ein Gesamteinkommen im ganzen Jahre von 34 Mk. 77 Pf., die andere 469 Leistungen zu je 20 Pf., mit einem Gesamteinkommen von 93 Mk. 80 Pf.; allein nur auf den fixierten Gehalt angewiesen waren zehn; ihr Gehalt betrug pro Jahr 200—570 Mk., der von ihnen bezogene Gesamtgehalt 3667 Mk.; das durchschnittliche Einkommen demnach 366 Mk. 70 Pf.; ihre Gesamtleistungen 21544; auf jede einzelne entfallen davon 2154 und eine Einzelleistung kommt auf 17 Pf. Die fixen Gehalte der übrigen Pflegerinnen neben der Bezahlung der Einzelleistung schwankten zwischen 15 und 250 Mk. ihre Gesamteinnahmen belaufen sich auf 12490 Mk., ihre Leistungen auf 27632; es kommt daher auf eine Pflegerin ein Gesamteinkommen von 189 Mk. 10 Pf. eine Gesamtleistung von 418, und jede Leistung auf 45 Pf., während im großen und ganzen von den 78 hier in Betracht kommenden Landkrankenpflegerinnen bei einer jährlichen Gesamtleistung von 49706, und einer Gesamtentlohnung von 16286 Mk. 46 Pf., auf je eine Pflegerin eine Durchschnittsleistung von 637, und eine Durchschnittsentlohnung für jede derselben von 32 Pf. entfällt.

Aber auch noch eine andere Zusammenstellung ist nicht uninteressant: Gruppieren wir die fixen Gehalte in solche von 0—200, von 200—300 und in solche über 300 Mk., so entfallen auf die erste Gruppe 45 Pflegerinnen mit einem Gesamtverdienst von 5322 Mk. 78 Pf. und 18347 Einzelleistungen; es treffen auf eine Pflegerin 419 Einzelleistungen und an Bezahlung 29 Pf. für jede einzelne derselben; auf Gruppe II 17 Pflegerinnen mit einem Gesamtverdienst von 3081 Mk. 80 Pf. und 9481 Einzelleistungen; es kommen auf eine Pflegerin 659 Leistungen und 42 Pf. für jede derselben; auf Gruppe III endlich 13 Pflegerinnen mit einem Gesamtverdienst von 4132 Mk. und 31726 Einzelleistungen; es kommen auf eine Pflegerin 2643 Einzelleistungen und für jede einzelne derselben ein Entlohnung von 13 Pf.

Setzen wir diese Zahlen in praktische Werte und in das praktisch zu

Verwertende um, so heißt dieses: Die nur auf festen Gehalt angewiesenen, auf die Bezahlung der Einzelleistungen verzichtenden Pflegerinnen sind die am meisten beschäftigten; die Arbeit der Pflegerinnen nimmt rapid mit der Höhe des festen Gehaltes zu, die Bezahlung der Einzelleistung dagegen ab. Tritt zu dem festen Gehalt die Bezahlung der Einzelleistung hinzu, so wächst im allgemeinen sowohl mit der Höhe der Gesamtentlohnung die Thätigkeit der Pflegerin, und ebenso etwas, aber nicht in gleichem Maße, die Entlohnung der Einzelleistung; mit andern Worten: Es liegt in diesen Ziffern der zahlenmäßige Nachweis dafür, daß das Institut unserer Landkrankenpflege in seinem Gedeihen abhängt, abgesehen von der in erster Linie stehenden Personenfrage, von der Lösung der Finanzfrage, und es geht daraus zur Evidenz hervor, wie richtig der Paragraph 7 der Statuten daher lautet: „Festsetzung eines Jahresaversums ist unter allen Umständen anzustreben; sind daneben noch Gebühren für Einzelleistungen zu erheben, so soll die Erhebung nicht durch die Pflegerin selbst geschehen, sondern durch den Verein, den Kreis, die Gemeinde u. s. w. vermittelt werden."

Der letztere Satz ist ja zum vornherein eine ganz selbstverständliche Forderung: Sind auch unsere Landkrankenpflegerinnen nicht gerade so zart besaitete Wesen, daß sie sich scheuen, am Schlusse ihrer Arbeit mit der einen Hand Abschied zu nehmen, die andere aber auszustrecken, um die paar Pfennige Entlohnung entgegenzunehmen, so hat es doch etwas sehr Peinliches, persönlich um den Entlohnungsgroschen noch feilschen und markten zu müssen, und es ist für die Sache selbst sehr bedenklich insofern, als die Pflegerin immerhin bei Selbstinempfangnahme des Lohnes der doppelten Gefahr ausgesetzt wird, entweder für ihre Mühe und Arbeit gar nichts zu erhalten, oder aber der Versuchung zu unterliegen, in zukünftigen Fällen auch den Pflegeeifer nach der Höhe des zu erwartenden Lohnes zu bemessen. Der Pflegerin unter der direkten Obhut und im Dienst nur eines sie entlohnenden Vereins, der Gemeinde u. dergl. wird diese Versuchung und Gefahr erspart bleiben.

Liegt somit eine würdige Entlohnung der Landkrankenpflegerin nicht allein im Interesse der Pflegerin, sondern auch in jenem der Pflege selbst, stehen mit dieser aber so gewaltige gesundheitliche und sociale Werte auf dem Spiele, und hängt die Gewinnung oder der Verlust in diesem Spiele so wesentlich von der finanziellen Fondierung ab, die wir der ganzen Einrichtung zu geben vermögen, dann schulden wir gewiß vollen Herzensdank allen denjenigen, welche in hochherziger Weise durch Gründung von Stiftungen zur Erhaltung und Förderung der guten Sache beitrugen, bei uns in Baden, Ihren K. K. H.H. dem Großherzog und der Großherzogin, und wir dürfen wohl die Hoffnung aussprechen, daß, so jemand von den Glückbegüterten dieser Erde etwa im Zweifel sein sollte, auf welche Weise er sich wohl ein Denkmal setzen wolle, das aere perennius der Nachwelt verkündete, daß der hochherzige Schenker Sinn und Verständnis hatte für die socialen Bedürfnisse und Fragen seiner Zeit, hier ihm nicht vergeblich von hoher Warte ein glänzendes Beispiel hingebenden Opfersinnes entgegenleuchtet, dessen Nachahmung des vollen Dankes der Mit- und Nachwelt versichert sein dürfte.

„Nicht nur der warmen Teilnahme und des regen Interesses der

Ärzte, hinauf bis zu den **Geheimräten**, bedürfen wir, sondern weit mehr noch der Interessenahme der **Geheimen=Kommerzienräte**." Dieses mir gelegentlich mitgeteilte treffliche Wort eines der hervorragendsten Teilnehmers an dem Kongreß zur Bekämpfung der Tuberkulose nehmen wir auch in vollem Umfange für die Kranken= und Hauspflege auf dem Lande in Anspruch. Möge es zum Wahrwort werden!

Dank aber auch allen, welche in richtiger Würdigung der hohen Bedeutung der Kranken= und Hauspflege auf dem Lande dieselbe in anderer Weise bisher unterstützten und auch künftig fördern wollen, insbesondere den Frauenvereinen und den Organen der Kreisverwaltungen. Mögen sie nicht ermüden, diese Art fruchtbringender Wohlfahrtspflege fortzusetzen, und mögen auch die bisher noch abseits Stehenden den bereits gegebenen Beispielen weitsichtiger Vorbeugung vielen Jammers und Elends folgen! Denn noch ist vieles auf diesem Gebiete zu thun im deutschen Vaterland: Ich weise darauf hin, daß bei uns in Baden, wo das Land wie übersäet zu sein scheint mit Stationen der Kranken= und Liebespflege, noch fast die Hälfte der Landorte, und etwa ein Drittel aller Bewohner jeglicher Krankenpflege entbehren. Wie viel im übrigen Deutschland an der Krankenpflege entbehrender Bevölkerung da übrig bleiben mag, kann man ungefähr wenigstens daraus entnehmen; ich fürchte, die betreffenden Ziffern werden die unsrigen noch um ein Erhebliches übertreffen!

Es darf daher gewiß nicht wundernehmen, wenn wir in Berücksichtigung all' dessen, auch abgesehen von der privaten Wohlthätigkeitspflege, nach weiteren Quellen Umschau halten, aus denen uns die Mittel für die Forterhaltung, Erweiterung und Vertiefung dessen, was bereits an Kranken= und Hauspflege auf dem Lande besteht, zufließen könnten. Und bei dieser Umschau haftet ganz von selbst in erster Linie unser Blick an jenen Instituten, welche in direkter Weise ein ganz gewaltiges Interesse an der Förderung der Kranken= und Hauspflege auf dem Lande haben: Ich meine die Krankenkassen und Versicherungsanstalten.

In meiner Eigenschaft als Arzt darf ich wohl noch einmal an das oben erwähnte Beispiel von der verletzten Hand erinnern, deren Träger, wesentlich nur aus vernachlässigter erster Hilfe und Pflege zuerst 13 Wochen der Krankenkasse und der Invaliditätsversicherung zeitlebens zur Last fiel. Solche Fälle könnte mit mir gewiß jeder Arzt zu Dutzenden anführen!

Nicht nur einfache Pflicht, sondern auch, wenigstens vom Standpunkte unmaßgeblichen Laienverstandes, das materielle Recht, wenn auch nicht das geschriebene Buchstabenrecht, dürfte es voll und ganz rechtfertigen, wenn wir von dem reich gedeckten Tisch der Invaliditätsversicherungen auch einige Brosamen für die Kranken= und Hauspflege zu erbitten wagen, und zwar trotz aller rein formeller Bedenken, die solchem Beginnen sich etwa entgegenstellen können. Es ermutigt mich hierzu zunächst eine mehrfache, recht freudige Erfahrung: In Stuttgart durfte ich vor wenigen Monaten auf der Konferenz für Arbeiterwohlfahrt aus den interessanten Vorträgen über die Beschaffung von Geldmitteln zur Errichtung von Arbeiterwohnungen entnehmen, daß auch für diesen Zweck die Mittel der Versicherungsanstalten unter recht billigen Bedingungen, die einer Schenkung gleich kommen, flüssig gemacht werden können; in Heidelberg, im Juni d. J., wurde bei der Debatte über das wesentlich gleiche Thema — die Landkrankenpflege — von dem Vertreter der Brandenburgschen Versicherungsanstalt darauf hingewiesen, mit welchen Sympathien nicht nur, sondern auch mit welchen aktiven Mitteln diese Anstalt der Förderung der Krankenpflege sich gegenüberstelle: bei uns in Baden hat die Versicherungsanstalt eine demnächst zu eröffnende Heilanstalt für Lungenkranke größten Teils aus eigenen Mitteln gegründet. Ich frage: Sind alle diese Unternehmungen denn im Reichsgesetz bereits vorgesehen? wenn aber nicht, weshalb beruft sich die eine Versicherungsanstalt bei ihrer Weigerung auf den starren Buchstaben desselben Gesetzes, das den andern wohlthätige Gaben für Zwecke, die ja in gleicher Weise in letzter Linie der Anstalt immer wieder zu gut kommen, zu spenden gestattet?

Ich hoffe sicherlich darauf, daß hier in nicht zu ferner Zeit der lebendige Geist der Sprache der Vernunft und des Herzens über den tötenden Buchstaben des starren Paragraphen des Gesetzbuchs siegen wird, und in dieser Hoffnung bestärkt mich wesentlich vor allem die freudige Wahrnehmung, daß es in den letzten Jahren in Bezug auf alles, was humanitäre und sociale, namentlich auch allgemein gesundheitliche Fragen anbelangt, warmer Frühling geworden ist in deutschen Landen, warmer Frühling, der die starre und kalte Eiskruste, die winterlich jetzt noch stellenweise die Herzen mancher büreaukratischer Männer umgeben mag, schon zum Schmelzen bringen wird.

Als weitere Zeugen für die Berechtigung dieser Zuversicht darf ich wohl ferner aus den Erscheinungen unserer Tage anführen, daß, wie ich einer Notiz aus der Zeitschrift „Frauenverband" entnehme, der Landtag des Großherzogtums Sachsen-Weimar in diesem Jahre 150 000 Mk. für Zwecke der Gemeindekrankenpflege unter einmütiger Zustimmung aller Parteien — inklusive der Socialdemokraten — bewilligte, daß auch unser Badischer Landtag vor zwei Jahren dem Ministerium des Innern in liberalster Weise eine ähnliche Summe zur Unterstützung ländlicher Spitalbauten zur Verfügung stellte; ferner die stets wachsende Zahl von Heilanstalten, die wir für Tuberkulöse entstehen sehen, die Wärme, der Eifer und das Verständnis, das man der Errichtung von Wöchnerinnenasylen sowie der Hauspflege nach dem Muster des rühmlichst bekannten Frankfurter Hauspflegevereins entgegen bringt, nicht zuletzt aber auch unsere badische Landkrankenpflege selbst und die erfreuliche Art, wie sie sich aus einer Unsumme von Hindernissen aller Art, von Mißdeutungen und Verkennungen zu der heute geachteten und wohlgeschätzten emporgerungen hat: Die glückliche, vielfach zum Bessern gewendete Lage derselben charakterisiert sich am besten wohl darin, daß unsere Bestrebungen heute auch von seiten früherer Gegner mit Eifer nachgeahmt werden. Neidlos sehen wir selbstverständlich, ja freudig erregt auf diese wetteifernde Mitthäterschaft. Für lieblose Gegensätze, namentlich konfessioneller Art, haben wir keinen Raum. Das Wort der Hohen Protektorin des Badischen Frauenvereins, das die Hohe Frau schon von Anfang an ausgesprochen und als Richtschnur angegeben hat, ist auch heute noch unsere Losung: „Nicht darauf kommt es an, wer pflegt, sondern darauf, daß und wie gepflegt wird."

Es wäre mir ein Leichtes, von Geistlichen beider christlichen Konfessionen

Die Kranken- und Hauspflege auf dem Lande.

gleich anerkennende Zeugnisse, voll des wärmsten Dankes, des uneingeschränktesten Lobes für unsere Pflegerinnen vorzuführen, allein es genüge, dieses hier ausdrücklich festzustellen.

Möge es uns gelingen, der in der Fürsorge für Krankenpflege und Hauspflege auf dem Lande gelegenen schönen Aufgabe immer mehr in der Weise gerecht zu werden, daß die jetzt schon da und dort bestehenden Anfänge, namentlich auch die in unserer badischen Landkrankenpflege verkörperte Form derselben, regional erweitert und qualitativ vervollkommnet bald auch den letzten Weiler und Winkel unseres Deutschen Vaterlandes sich erobert haben werden.

Flüssigmachung der notwendigen materiellen Mittel hierzu, die Einführung von Lehrkursen an größeren geeigneten Krankenhäusern wie von Repetitionskursen, die Schaffung von Beständen von Gerätschaften und Vorratsmitteln zur Leistung der Krankenpflege wie der ersten Hilfe bei plötzlichen Unglücksfällen, das seien bei unserem Weiterstreben leitende Gedanken!

Möge allen denjenigen, welche aus dem ganzen deutschen Vaterland, wie im Monat Juni am Neckarstrand in der südwestlichen Ecke desselben, so heute in seiner Ostmark, zu hoffentlich recht segensreichem gemeinsamem Thun und Beraten zusammengekommen sind, die Kranken- und Hauspflege auf dem Lande in dem bunten Strauß lieber Rückerinnerungen an das sagen- und poesievolle Heidelberg, wie an das ernste, an historischen Denkmalen nicht minder reiche Breslau, nicht bloß ein bescheidenes Vergißmeinnicht sein, das am warmen Herzen momentaner Aufwallung bald welkt und stirbt, sondern ein kräftiges Reis, das überall in deutschem Boden, wo immer es eingepflanzt wird, kräftig Wurzel fassen, ausschlagen, grünen, blühen und Früchte tragen möge!

Wenn dann am Ende des nächsten Jahrhunderts, das man hoffentlich das Jahrhundert der Humanität nennen wird, ähnliche Versammlungen wie die unsrige, ähnliche, aber erweiterte und vertiefte humanitäre Aufgaben behandeln, dann werden und mögen unsere Nachkommen des Segens sich erfreuen von der Aussaat, die wir heute gemacht, dann wird und möge es durch die Kronen ihrer Bäume rauschen, wie ein Gruß aus alten Zeiten, aus unseren Tagen, daß wir am Ende des XIX. Jahrhunderts getreu waren dem Dichterspruch, von denen mein Vortrag ausging:

„Edel sei der Mensch, hilfreich und gut."

---

* (Zu S. 17 Z. 6 v. o.) Die badische landwirtschaftliche Berufsgenossenschaft hatte zu verzeichnen:

	1893	1894	1895	1896	1897
Betriebsunfälle	1189	1503	1634	2107	2367
unter diesen					
1. Verletzungen mit tödlichem Ausgange	140	140	126	159	150
2. " " dauernd völliger Erwerbsunfähigkeit	3	8	2	9	6
3. " " " teilweiser Erwerbsunfähigkeit	73	514	642	703	1052
4. " " vorübergehender Erwerbsunfähigkeit	773	841	864	1236	1099

Anlage I.

Die
Land-Krankenpflege
des
Badischen Frauenvereins
unter dem Hohen Protektorat Ihrer Königl. Hoheit der Großherzogin
Luise von Baden.

Statuten und Dienstweisung.
---

§ 1. Der badische Frauenverein hat auf Anregung seiner Hohen Protektorin es zu einer seiner Aufgaben gemacht, für solche Gemeinden, die einer beruflichen Krankenpflege aus irgend welchen Gründen entbehren, die Beschaffung und Erhaltung von Hilfspflegekräften nach Thunlichkeit zu ermöglichen.

§ 2. Dieser Zweck wird zu erreichen gesucht durch theoretische und praktische Ausbildung geeigneter Frauenspersonen, die nach ihrer Ausbildung das Amt einer „Landkrankenpflegerin" in der betreffenden Gemeinde übernehmen.

§ 3. Die Auswahl der betreffenden Person, sowie deren Anmeldung beim badischen Frauenverein erfolgt durch einen Verein (Frauenverein, Krankenverein) oder von Seite der Gemeinde oder der entsprechenden Organe der Kreisverwaltung.

§ 4. Ihre Ausbildung erhält die Landkrankenpflegerin entweder im Ludwig-Wilhelm-Krankenheim des badischen Frauenvereins oder in einem größeren Bezirks- oder Kreisspital, während drei Monaten, von welchen sechs Wochen auf die theoretische und die übrige Zeit auf die praktische Ausbildung entfallen. Dieselbe erstreckt sich, wenn irgend thunlich, auf alle Gebiete, welche später den Gegenstand ihrer Pflege bilden können (Pflege innerer und äußerer Kranken und Unterweisung im Kochen).

Über die erfolgreiche Ausbildung wird ein öffentliches Zeugnis nicht erteilt, dagegen erhält der Verein, die Gemeinde bezw. der Kreis, welche die auszubildende Schülerin abgesendet hat, hiervon von Seite der Ausbildungsstelle entsprechende Mitteilung.

§ 5. Die Kosten der Ausbildung übernehmen die absendenden Vereine, Gemeinden oder die Kreisverwaltungen. Der Unterricht ist unentgeltlich, die Kosten der Verpflegung einer Schülerin belaufen sich für jeden Tag auf eine Mark. Diese Kosten können für die Dauer des theoretischen Unterrichts auf Ansuchen ganz oder teilweise von der Vereinskasse übernommen werden, die während der Dauer der praktischen Unterweisung erwachsenden Verpflegungskosten sind von den Beteiligten zu bestreiten.

§ 6. Nach beendeter Ausbildung hat sich die Landkrankenpflegerin den heimatlichen Orts- und Gemeindebehörden, den Ortsgeistlichen, den Vorständen der absendenden Vereine, sowie dem Bezirksarzt vorzustellen.

§ 7. Wegen der Entlohnung für ihre Dienstleistungen wird sich die Landkrankenpflegerin mit dem Vorstand des Vereins oder der Gemeinde bezw. des Kreises, welcher sie ausbilden ließ, sowie über die Zeitdauer, für welche sie sich zur Besorgung des Dienstes verpflichtet, benehmen. Festsetzung eines Jahresaversums ist unter allen Umständen anzustreben. Sollen daneben auch Gebühren für Einzelleistungen erhoben werden, so soll die Erhebung nicht durch die Pflegerin selbst stattfinden, sondern von dem Verein, bezw. der Gemeinde vermittelt werden. Im übrigen lasse sie sich nicht allein durch Rücksicht auf Lohn und Entgelt leiten, sondern suche und finde in dem freudigen Bewußtsein treuer Pflichterfüllung ihren besten und schönsten Lohn.

§ 8. Von Ihren Königlichen Hoheiten dem Großherzog und der Großherzogin sind zum Zweck der Förderung der Landkrankenpflege zur Verfügung des badischen Frauenvereins zwei Stiftungen ins Leben gerufen worden, von deren Erträgnissen und zwar

a. der Friedrichsspende, darum nachsuchenden Zweigvereinen des badischen Frauenvereins, wo kein solcher besteht, auch dürftigen Gemeinden zur Erleichterung der Einführung der Landkrankenpflege größere oder kleinere Teilbeträge auf ein oder zwei Jahre zugewendet werden können,

b. des sog. Unterstützungsfonds, den Landkrankenpflegerinnen Unterstützungen zugeteilt werden.

§ 9. Die vom Verein ausgebildeten Landkrankenpflegerinnen erhalten ein von Ihrer Königlichen Hoheit der Großherzogin gestiftetes silbernes Dienstzeichen durch Vermittlung des Vereins oder der Behörde, auf deren Kosten sie ausgebildet wurden und angestellt sind. Dieses Dienstzeichen ist bei event. Auflösung der Beziehungen der Pflegerin zur Landkrankenpflege dem badischen Frauenverein zurückzustellen.

Außerdem erhalten die Landkrankenpflegerinnen von Ihrer Königlichen Hoheit der Großherzogin ein Dienstkleid sowie eine entsprechende Kopfbedeckung geschenkt, welche mit der Bestimmung, daß dieselben im Dienste sowohl als bei feierlichen Anlässen zu tragen sind, die Trägerin stets an die von ihr übernommenen Pflichten mahnen sollen.

§ 10. Der badische Frauenverein wird von Zeit zu Zeit über das Betragen und die berufliche Tüchtigkeit der Landkrankenpflegerin, sowohl durch briefliche Anfragen bei dem die Pflegerin anstellenden Verein, der Gemeinde ꝛc., als auch durch Absendung einer Vereinsschwester an Ort und Stelle Erkundigungen einziehen und von dem Ergebnisse dem betreffenden Ortsverein, bezw. der Gemeinde, event. dem Kreisausschusse Kenntnis geben.

§ 11. Die ureigenste Aufgabe der Landkrankenpflegerin ist Pflege der Kranken, die ihr zugewiesen werden oder zu denen sie gerufen wird, Leistung der ersten Hilfe bei plötzlichen Unglücksfällen bis zur Ankunft des Arztes und in besonderen Fällen, sowie auf Verlangen Übernahme der Hauspflege.

§ 12. Die Dienstleistung der Landkrankenpflegerin geschieht in strenger Befolgung der im Unterricht erhaltenen Lehre, unter gewissenhafter Durchführung der vom Arzt gegebenen Weisungen, unter ängstlicher Enthaltung jeglichen eigenmächtigen, an Pfuscherei angrenzenden Handelns, im steten Hinblick auf die große, mit der Stellung übernommene Verantwortlichkeit, und in thunlichstem Festhalten an den in der nachfolgenden

Dienstweisung

enthaltenen speciellen Vorschriften.

a. Die Landkrankenpflegerin befleißige sich vor allem eines ruhigen, stillen, von jeglicher Überhebung freien, religiös-sittlichen Lebenswandels.

b. Die Pflege bei Kranken sowie die Hauspflege als Ersatz für die an eigener Haushaltungsfürsorge durch Krankheit, Wochenbett oder sonstige Abhaltung gehinderte Hausfrau übernimmt die Landkrankenpflegerin im Auftrag der sie anstellenden Vereine oder Gemeindebehörden, in deren Dienst und unter deren unmittelbaren Aufsicht sie gestellt ist, mangels eines solchen Auftrages jedoch immer nur auf Wunsch der zu Pflegenden; nur bei plötzlichen Unglücksfällen biete sie, jedoch ohne Aufdringlichkeit, auch ungerufen ihre Hilfe an.

c. Am Krankenbett in ärztlicher Behandlung Stehender sehe sie ihre Aufgabe in Fürsorge für genaue Befolgung der Anordnungen des Arztes, in liebevoller Pflege des Kranken in Bezug auf Reinhaltung und arzneilicher Fürsorge für den Kranken, in thunlichster Tröstung und Linderung der Leiden des Patienten, in steter, aber rücksichts- und gefühlvoller Beobachtung der einzelnen Krankheitserscheinungen, sowie in genauer mündlicher oder auch schriftlicher Berichterstattung über dieselben an den Arzt.

d. Bei eintretender Todesgefahr, soweit dieses der Landkrankenpflegerin zweifellos ersichtlich ist, unterlasse sie nicht, die Angehörigen auf die Berufung des Beistandes eines Geistlichen aufmerksam zu machen, enthalte sich aber jeder weiteren Einmischung.

e. Bei nicht in ärztlicher Behandlung stehenden (frischen oder auch langwierigen sog. chronischen) Fällen mache sie bei drohender Gefahr oder Verschlimmerung des Zustandes des Kranken auf die Notwendigkeit des Beizugs ärztlicher Hilfe aufmerksam und lindere bis zur Ankunft desselben nach bestem Wissen die Leiden des Pflegebefohlenen.

f. Eine Haupttugend der Landkrankenpflegerin sei ängstliche Verschwiegenheit bezüglich alles dessen, was sie in ihrer Vertrauensstellung bei Ausübung ihres Berufes erfahren hat.

g. Bei plötzlichen Unglücksfällen leiste sie nach Kräften ruhig und besonnen, aber schnell und ungesäumt die erste Hilfe bis zur Ankunft des Arztes, enthalte sich aber nachher jeglichen weiteren Eingreifens, es sei denn auf Aufforderung des behandelnden Arztes.

h. Ihre Gerätschaften und Notarzneien — Irrigator mit Zubehör, den Blut- und Badthermometer, die Verbandwatte, Binden, Notarzneien, Dienstschürzen ꝛc. — halte sie unter eigener Verantwortlichkeit stets in bester Ordnung und in peinlich sauberem Zustand; dieselben an Unberufene auszuleihen, ist verboten. Defekt gewordene Gegenstände lasse sie alsbald durch den Bezirksarzt wieder ergänzen bezw. ersetzen.

i. Bei der Führung des Haushalts an eigener Haushaltsfürsorge durch Wochenbett, Krankheit u. dgl. behinderter Frauen betrachte die Landkrankenpflegerin es als ihre Hauptaufgabe, die Hausfrau zu ersetzen in Übernahme der Geschäfte derselben im ganzen Hauswesen, in der Überwachung und Sorge für die Kinder, in Aufrechterhaltung von Zucht und Ordnung, in Pflege von Reinlichkeit und guter Sitte.

k. Über die wichtigsten Beobachtungen am Krankenbett führe die Landkrankenpflegerin stets bei sich ein kleines Tagebuch nach Anlage 1, in das sie behufs eigener Kontrolle, sowie behufs genauer Berichterstattung an den Arzt das Wichtigste ihrer Krankenbeobachtungen jeden Tages einträgt: die Ergebnisse des Pulszählens, der Temperaturmessungen, ihre Wahrnehmungen über Schlaf, Nahrungsaufnahme, Verrichtungen, Arzneidarreichungen ꝛc.; über ihre Gesamtthätigkeit im Jahre ist ein Geschäftsjahrbuch nach Anlage 2 zu führen, das für die Einzelleistungen der Landkrankenpflegerin, wie Tagewachen, Nachtwachen, Einzelbesuche, empfangene Entlohnungen u. s. w. Rubriken enthält. Dieses Jahrbuch ist am 31. Dezember jeden Jahres abzuschließen, im Original dem Vorstand des Vereins, der vorgesetzten Gemeinde- oder Kreisbehörde, in deren Dienst die Pflegerin steht, in einer Abschrift aber dem Vorstand der Abteilung III des badischen Frauenvereins zu übersenden.

l. Die Landkrankenpflegerin suche ihre Kenntnisse und Fertigkeiten durch stetes Nachlesen in dem im Unterrichte benutzten Lehrbuch, durch eigenes Nachdenken über gemachte Beobachtungen und Erfahrungen, durch ihr zu Teil werdende Belehrungen seitens der Ärzte, wachzuhalten und zu erweitern, immer eingedenk des Ernstes der übernommenen Aufgabe, und des besonders auch für sie geltende Sprichwortes: „Wer rastet, der rostet"; sie halte außerdem sich stets gegenwärtig, daß auch ihre Thätigkeit, wie jedes menschliche Unternehmen, nur dann ein gesegnetes ist, wenn sie begonnen und vollendet wird

„Mit Gott".

Anlage 1.

Tagebuch für Landkrankenpflegerinnen.
Krankenbeobachtungen.

Monat und Tag	Namen der Kranken	Alter	Krankheit	Temperatur		Puls		Atmung		Nahrungsaufnahme	Verrichtungen**	Arzneidarreichungen
				°M.	°A.	M.	A.	M.	A.			
6. Mai	Jakob Maier	42	Lungenentzündung	38	40	88	110	25	36	X X X	. —	8, 12, 2, 4, 6 Uhr
7. "	" "	"	"	36,5	37,2	70	75	18	16	X X	.. —	10, 2 Uhr

* M. = Morgens, A. = Abends; ** . bedeutet Stuhlentleerung, — bedeutet Urinabsonderung.

Anlage 2.

Jahrbuch für die Landkrankenpflegerin ⸻

am 31. Dezember abzuschließen und dem Gemeinde= bezw. Kreisvorstand, oder bem Vorstand des Frauen=(Kranken=)Vereins zu überreichen; in Abschrift aber der Abt. III des Bad. Frauenvereins einzusenden.

Name des Gepflegten	Alter	Ver- anlassung zur Pflege	Dauer der Pflege	Kranken- pflege			Haus- pflege	Erste Hilfeleistung bei Unglücksfällen									Entlohnt durch		
				Pflegetage	Nachtwache	Einzelbesuche		Wunde	Quetschung	Ohnmacht	Knochenbruch	Verrenkung	Erfrieren	Verbrennen	Künstl. Atmung	Vergiftung	Transport	Gemeinde, Kreis oder Verein	Ver- pflegte selbst	ℳ ₰
1. Franz Hall	48 J.	Lungen- entzündung	1.-15./III.	5	6	3													1	10 80
2. A. Müller	26 "	Wöchnerin	20.-30./IV.				10 Tage											Frauenverein		84
3. Jos. Hoch	30 "	Verunglückt	4. Mai								1								1	—

Vereinsstatuten
des
Bezirks-Samaritervereins Donaueschingen.

A. Zweck des Vereins.

§ 1. Der Bezirks-Samariterverein Donaueschingen stellt sich die Aufgabe, die Kenntnis von der ersten Hilfe in allen plötzlichen Unglücksfällen unter der Bevölkerung des Bezirks zu verbreiten durch Errichtung von Samariterschulen.

Für diese Hilfeleistung werden in erster Linie in Anspruch genommen Bedienstete und Angestellte öffentlicher oder privater Korporationen und ferner die Mitglieder industrieller oder landwirtschaftlicher Betriebe, welche der Natur ihrer Stellung nach am häufigsten in die Lage kommen können, bei Unglücksfällen zugegen zu sein.

Aber auch jedem Einzelnen soll Gelegenheit geboten werden, diejenige Kenntnis sich zu erwerben, durch welche er, sei es Angehörigen, sei es fremden verunglückten Mitmenschen, sich nützlich erweisen kann.

§ 2. Der Verein sucht zu diesem Zwecke einesteils an geeigneten Centralpunkten des Bezirks Samariterschulen zu gründen, d. h. aus sämtlichen Orten des Bezirks geeignete Persönlichkeiten durch entsprechenden Unterricht zu Samaritern auszubilden, andernteils die für den Unterricht nötigen Schriften, Bilder ꝛc. zu beschaffen und außerdem an sämtlichen Orten kleine Depots von Rettungs- und Verbandmaterialien zu unterhalten.

B. Organisation des Vereins.

§ 3. Der Bezirks-Samariterverein besteht aus dem Centralverein, der seinen Sitz in Donaueschingen hat, und den einzelnen aus den Samariterschulen hervorgehenden Ortsvereinen, die ersterem unterstehen.

§ 4. Der Centralverein hat zur Leitung seiner Angelegenheiten als Vorstand ein Komitee, welches zur Geschäftsführung aus seinen Mitgliedern den Präsidenten, den Schriftführer und den Schatzmeister erwählt.

§ 5. An der Spitze der einzelnen Ortsvereine stehen, von den Mitgliedern gewählt: ein Vorstand, ein Schriftführer, ein Depot- und Kassenverwalter.

C. Mitgliedschaft des Vereins.

§ 6. Die Mitglieder des Vereins sind
a. Ehrenmitglieder d. h. solche, welche besonderer Verdienste wegen um die Vereinssache zu solchen vom Centralverein ernannt werden.
b. passive Mitglieder, die ihre Mitgliedschaft durch einen einmaligen Beitrag von 10 Mk. oder durch einen jährlichen Beitrag nicht unter 20 Pf. bekunden.

c. aktive Samariter, d. h. solche Mitglieder, die an einem Samariterkurs teilgenommen haben.

D. Geschäftsführung des Vereins.

§ 7. Jeder Ortsverein sammelt die von den zahlenden Mitgliedern zu erhebenden Beiträge und liefert sie am Ende des Jahres an den Centralverein in Donaueschingen ab.

§ 8. Von den hierdurch angesammelten Geldern werden
a. ein Reservefonds von 500 Mk. gebildet.
b. die Rettungs= und Verbanddepots der einzelnen Orte angeschafft und unterhalten und
c. etwaige Überschüsse zur Unterstützung von verunglückten Notleidenden und Kranken verwendet.

§ 9. Über die Verwaltung und Einzelverwendung der Gelder beschließt der Centralverein und nimmt zu seiner Orientierung von den Ortsvereinen etwaige Wünsche und Anträge entgegen.

§ 10. Der Vorstand jeden Ortsvereins führt Liste über die von den einzelnen aktiven Mitgliedern geleisteten Unterstützungen und über die von ihm an diese abgegebenen Depotstücke, alsdann liefert er am Ende des Jahres eine Abschrift hiervon dem Centralverein ein.

§ 11. Jeweils im Monat Dezember beruft der Centralverein eine Generalversammlung, in welcher sämtliche Mitglieder aller Vereine Sitz und Stimme haben; in derselben giebt er Rechenschaft über den Stand der Vereinssache, über die Verwendung der Gelder, macht Vorschläge über weiter zu treffende Maßnahmen, die der Sache des Vereins dienen und nimmt zu diesem Zwecke Wünsche und Anträge der Mitglieder entgegen.

Über die gestellten Anträge beschließt die Stimmenmehrheit.

§ 12. Bei etwaiger Auflösung des Vereins wird das Vereinsvermögen den Ortsvereinen nach Maßgabe der von ihnen geleisteten und gebuchten Beiträge zurückerstattet, die vorhandenen Requisiten verbleiben als Eigentum den betreffenden Gemeinden.

Die Kranken- und Hauspflege auf dem Lande.

Korreferat von

Regierungsrat Düttmann
in Oldenburg.

Inhaltsverzeichnis.

                                                                               Seite

Vorbemerkung 40
Einleitendes 41
    (Sterblichkeitsziffern in der Stadt und auf dem Lande S. 41; Urteil über die Gesundheitspflege auf dem Lande S. 42.)
Die Gesundheitspflege und die staatliche Arbeiterversicherung . . . 43
    (Einfluß der Arbeiterversicherung auf die Sterblichkeit S. 43; Interesse der Versicherungsträger an der Verbesserung der Gesundheitspflege S. 43; Umfrage bei Berufsgenossenschaften und Versicherungsanstalten über Wahrnehmungen bezüglich der Krankenpflege auf dem Lande und Förderung der letzteren S. 45; Ergebnis der Umfrage: Preußen S. 46, Bayern S. 52, Württemberg, Sachsen, Baden S. 54; Kleinstaaten S. 55; gewerbliche Berufsgenossenschaften S. 57; Zusammenstellung des Ergebnisses der Umfrage S. 58; Bedeutung der Ausdehnung der Krankenversicherung und der Vermehrung der Zahl der Ärzte und Krankenhäuser auf dem Lande für die Krankenpflege S. 60.)
Die Aufgaben der Gemeindekrankenpflegerin 63
    (Thätigkeit des Vaterländischen Frauenvereins zur Besserung der ländlichen Krankenpflege S. 65.)
Die Gewinnung des erforderlichen Pflegepersonals 66
    (Kirchliche Krankenpflegegenossenschaften: Diakonissen S. 66, katholische barmherzige Schwestern S. 67; andere Organisationen: Rote-Kreuz-Schwestern S. 68, der Evangelische Diakonieverein S. 68; die Ausbildung besonderer Landpflegerinnen S. 70, Pflegerinnen ohne Ausbildung S. 70.)
Bestehende Organisationen für die ländliche Krankenpflege 71
    (Der vaterländische Frauenverein im Landkreise Königsberg i. Pr. [Diakonissen] S. 71; Die Bezirkskrankenpflegen in Württemberg [Rote-Kreuz-Schwestern und barmherzige Schwestern] S. 72; der Vaterländische Frauenverein in Baden S. 73; die Dorfpflegerinnen des Henriettenstifts zu Hannover S. 73; der Vaterländische Frauenverein im Kreise Siegen, Westfalen S. 76; die Ausbildung von Krankenbesucherinnen durch den Charitas-Verband S. 77; Einrichtung in den Bezirken der bayrischen Distriktsämter Nördlingen und Öttingen S. 78; Krankenpflegerinnen ohne Ausbildung S. 79.)

	Seite
Vorschläge zur Verbesserung der ländlichen Krankenpflege	80

(Abgrenzung der Bezirke der Krankenpflegerinnen S. 80; Versorgung der nächsten Umgebung von Orten mit Krankenhäusern S. 81; Anstellung von Krankenschwestern an Orten, an denen eine volle Arbeitskraft Verwendung findet S. 81; Auswahl und Ausbildung besonderer Landpflegerinnen S. 82; Stellung der letzteren S. 84; Gewinnung geeigneter Personen als Pflegerinnen S. 85; Sicherung der erforderlichen Mittel, insbesondere Inanspruchnahme der Krankenkassen, Berufsgenossenschaften und Versicherungsanstalten S. 86; Schaffung einer besonderen Organisation und Aufgabe der einzelnen Organe S. 88.)

Anlagen 93
(Übersicht über die Mitglieder der kath. Krankenpflegegenossenschaften S. 93. Entwürfe zu Verträgen eines Vaterländ. Frauenvereins mit Versicherungsanstalten, Berufsgenossenschaften und Krankenkassen S. 95.)

Vorbemerkung.

Das Material für die zu besprechende Frage ist in einer größeren Zahl von Einzelschriften, Aufsätzen und Vorträgen in Zeitschriften und Berichten von Vereinen u. s. w. zerstreut. Eine vollständige Sammlung und gründliche Bearbeitung desselben war schon durch den geringen Umfang des für die Erstattung des Berichtes verfügbaren Zeitraumes erschwert, infolge des Umstandes, daß wegen starker dienstlicher Beschäftigung nur wenig Zeit und auch diese nur mit großen Unterbrechungen zur Verfügung stand, unmöglich. Der Versuch, eine umfassendere Darstellung des derzeitigen Zustandes auf dem Gebiete der ländlichen Krankenpflege zu geben, und daraus die Gesichtspunkte für die weitere Förderung der letzteren zu gewinnen, wäre unter diesen ungünstigen Voraussetzungen überhaupt nicht unternommen, wenn nicht die Verhandlungen und Erwägungen in Anlaß der Erörterung unserer Frage für den Bezirk der Invaliditäts- und Alters-Versicherungsanstalt Oldenburg irrtümlich für eine in wesentlichen Teilen ausreichende Unterlage für die nachfolgende Abhandlung angesehen wären. Daß die Arbeit ungleichmäßig ausfiel, war daher kaum zu vermeiden.

Für einen fünfzehn Jahre zurückliegenden Zeitraum ist eine Darstellung der ländlichen Krankenpflege gegeben in den Verhandlungen des Vereins über die ländliche Armenpflege und ihre Reform, aus den Jahren 1881 bis 1886, welche unter Zuziehung einer großen Zahl sachkundiger Mitarbeiter aus allen Teilen des Reiches in gründlichster Weise vorbereitet waren[1]. Die damals angestellten Ermittlungen bilden in der Hauptsache auch die Unterlage für das 1887 von Stadtrat Ludwig-Wolf erstattete Referat[2], welches das Thema mehr vom Standpunkt der öffentlichen Armenpflege aus erörterte.

---

[1] Die ländliche Armenpflege und ihre Reform, Verhandlungen des Deutschen Vereins für Armenpflege und Wohlthätigkeit ... nebst den erstatteten Berichten und Gutachten Herausgegeben von F. Frhr. v. Reitzenstein, Freiburg im B. 1887.
[2] Die Organisation der offenen Krankenpflege. Von Stadtrat Ludwig-Wolf, Schriften d. D. V. f. Wohlth., 4. Heft, 1887 S. 77—133; vgl. auch den Bericht über die Verhandlungen der 8. Jahresversammlung im 5. Heft S. 25—47.

Einleitendes.

Es liegt in den Verhältnissen begründet, daß die unser Zeitalter kennzeichnenden lebhaften Bestrebungen zur Verbesserung der Volkswohlfahrt zunächst in den Städten einsetzten und erst langsam auf das Land sich auszubreiten beginnen. Das Bedürfnis nach Besserung ist oder erscheint wenigstens in der Stadt größer. Die Anhäufung von Mißständen auf einem engen Gebiete wird stärker wahrnehmbar, als die gleiche Summe von Mißständen, die sich in einem umfangreichen ländlichen Bezirke vorfindet. Die städtische Bevölkerung kommt mit den Kulturfortschritten früher und unmittelbarer in Berührung, empfindet deshalb Mißstände lebhafter und drängt entschiedener auf Abhilfe. Letztere ist leichter zu beschaffen, weil das engere Zusammenwohnen die Organisation erleichtert, und die Aufbringung der Kosten bereitet geringere Schwierigkeiten.

Das Gesagte gilt insbesondere auch auf dem Gebiete des Gesundheitswesens und speciell auf dem der Krankenpflege. Während man in den Städten nach Kräften bemüht war, die gesundheitlichen Verhältnisse zu bessern und die Krankenpflege zu vervollkommen, blieb auf dem Lande in der Hauptsache alles beim Alten. Und doch wäre nichts verkehrter, als wollte man glauben, daß das „gesunde Leben auf dem Lande" einer günstigen Beeinflussung nicht bedürfe. Denn die Verbesserung der Gesundheitsverhältnisse muß doch zuletzt in der Höhe der Sterblichkeitsziffer zur Erscheinung kommen. Die Statistik zeigt aber, daß der Rückgang der Sterblichkeitsziffer dem platten Lande nicht in gleichem Maße zu Gute gekommen ist wie den Städten. Die durchschnittliche Sterbeziffer auf je 1000 Lebende (einschließlich Totgeburten) ist in Preußen von 30,5 in den Jahren 1831 bis 1840 auf 29,3 in den beiden folgenden Jahrzehnten, 28,9 in den sechziger, 28,3 in den siebziger, 26,3 in den achtziger Jahren und 23,6 in den Jahren 1891/97 zurückgegangen. Sie betrug aber

auf 1000 Lebende	für die Städte	für das platte Land	Unterschied
1867/71	30,6	28,4	+ 3,2
1872/76	30,4	27,9	+ 2,5
1877/81	28,6	26,2	+ 2,4
1882/86	28,0	26,8	+ 1,2
1887/91	25,0	24,8	+ 0,2
1892/96	23,5	23,9	— 0,4
1897	22,1	22,6	— 0,5

gestaltete sich also während des 21jährigen Zeitraumes verhältnismäßig zunehmend günstiger für die städtische Bevölkerung. Für letztere stellte sich die Besserung nach den obigen Zahlen auf 8,5 auf 1000 Lebende gegenüber 4,8 auf 1000 für das Land[1].

Denjenigen, der die Verhältnisse auf dem Lande kennt, wird weniger die günstigere Gestaltung der Sterblichkeit bei der städtischen Bevölkerung als die wenn auch geringere, so doch immerhin noch ansehnliche Abnahme der Sterblichkeit bei der Landbevölkerung überraschen. Denn dem aufmerksamen Beobachter ist es wohl bekannt, daß der ländlichen Bevölkerung im allgemeinen keine große Sorge um die Erhaltung der Gesundheit eigen, daß insbesondere Reinlichkeit im weitesten Sinne dieses Wortes nicht gerade ihre starke Seite ist, daß daher manche leicht zu vermeidende Krankheiten nicht verhütet werden, und die gesamten Lebensverhältnisse auf dem Lande nicht danach angethan sind, in Krankheitsfällen die Wiederherstellung der Gesundheit genügend zu sichern.

„Teils aus Unkenntnis und Gleichgültigkeit, teils aus Geiz wird von der ländlichen Bevölkerung unverantwortlich gegen die einfachsten und selbstverständlichsten Forderungen der Hygiene gesündigt, die Ernährungsfrage, namentlich soweit Kinder und Kranke in Betracht kommen, wenig verständig gehandhabt, während in der Stadt durch ausgebreitete öffentliche Fürsorge, durch zum Teil großartige Vereinsthätigkeit, vorzüglich ausgebildete Armen- und Krankenpflege, ja auch durch die etwas größere Intelligenz des Arbeiterstandes die Verhältnisse sich gebessert haben."

So ein Landwirt auf Grund langjähriger Erfahrungen. Ähnlichen Urteilen der berufensten Personen begegnet man überall, wo dieser Frage überhaupt Beachtung geschenkt wird. Daß die Landbevölkerung selbst am wenigsten die Mängel als solche erkennt, wird eher als eine Verstärkung denn als eine Abschwächung des Übelstandes anzusehen sein[2].

---

[1] Band 155 der Preuß. Statistik. — Die größten Gegensätze weisen für die Städte die Jahre 1871 und 1896 auf mit 34,4 und 21,9 °/oo, Abstand 13,5 °/oo = 39,3 °/o der höchsten Sterblichkeitsziffer, für das Land die Jahre 1872 und 1896 mit 30,6 und 22,4 °/oo, Abstand 8,2 °/oo = 26,7 °/o der höchsten Sterblichkeitsziffer. Die Vergleichbarkeit der Zahlen wird durch die Abwanderung vom Lande in die Stadt nicht beeinträchtigt. Denn derjenige Teil der Bevölkerung, welchen die Sterblichkeitsverhältnisse besonders stark beeinflussenden Altersklassen von 0 bis 10 Jahren und über 50 Jahre bildeten, ist in dem Zeitraum 1871—1890 bezw. 1875—1890 in den Städten stärker gewachsen als auf dem Lande. Freilich ist er dort immer noch wesentlich geringer als hier.

[2] Zu vergl. H. Sohnrey, Die Wohlfahrtspflege auf dem Lande, N. 9 der Schriften der Centralstelle für Arbeiterwohlfahrtseinrichtungen, Berlin 1896, S. 171.

Die Gesundheitspflege und die staatliche Arbeiterversicherung.

Es ist gewiß kein Zufall, daß der auffallend starke Rückgang der Sterblichkeitsziffer in der zweiten Hälfte der achtziger Jahre eintrat, gleichzeitig mit dem Inkrafttreten der verschiedenen Arbeiterversicherungsgesetze. Der Umstand, daß der Rückgang zwar auch für die Landbevölkerung ein großer und stets wachsender ist, daß er sich aber noch mehr bei der an der Arbeiterversicherung vorzugsweise beteiligten städtischen Bevölkerung geltend macht, deutet unzweifelhaft darauf hin, daß ein ursächlicher Zusammenhang thatsächlich besteht, durch die Leistungen der Arbeiterversicherung also eine Hebung des Gesundheitszustandes herbeigeführt ist [1].

Auf der andern Seite haben aber die Organisationen auf dem Gebiete der Arbeiterversicherung ein sehr lebhaftes Interesse an einer weiteren Verbesserung der Gesundheitspflege, da dieselbe mit Notwendigkeit zu einer Verminderung ihrer Lasten führen muß. Hinsichtlich der Krankenkassen, welche alsbald nach Eintritt der Erkrankung und mindestens bis zu 13 Wochen für ihre Mitglieder die Krankenfürsorge zu übernehmen haben, bedarf es kaum der Erwähnung, daß sie großen Vorteil davon haben, wenn Erkrankungen möglichst vermieden, sofern sie aber eintreten, thunlichst rasch und gründlich geheilt werden. Soweit es sich um die Landbevölkerung handelt, sind Krankenkassen aus dem Grunde weniger beteiligt, weil die Zahl der gegen Krankheit Versicherten auf dem Lande noch gering ist. Die durch Reichsgesetz eingeführte Versicherungspflicht kommt für die Landbevölkerung wenig in Betracht. Von der Zulässigkeit der Ausdehnung derselben durch Landesgesetz oder Kommunalstatut ist in einem, wenn auch steigenden so doch immer noch beschränkten Umfange Gebrauch gemacht. Die freiwillige Versicherung gegen Krankheit endlich bleibt auf dem Lande in recht bescheidenen Grenzen. Die Zahl der beteiligten Krankenkassen und der Umfang des Interesses derselben bleibt also weit zurück in Vergleich zu den Kassen und Interessen, welche bei der städtischen Bevölkerung in Frage kommen.

Von den Berufsgenossenschaften, welche vom Beginn der dreizehnten Woche ab für die Folgen von Betriebsunfällen einzutreten haben,

---

[1] Zu vergl. v. d. Borght, Die sociale Bedeutung der deutschen Arbeiterversicherung, Jena 1898, S. 81.

ist einerseits eine Reihe von gewerblichen Genossenschaften, deren Betriebe überwiegend oder doch zum erheblichen Teile auf dem Lande ihren Sitz haben, andererseits die große Zahl der land- und forstwirtschaftlichen Berufsgenossenschaften an der Gesundheitspflege auf dem Lande interessiert. Einrichtungen, welche für die sofortige Leistung der ersten Hilfe bei Verletzungen, die ungesäumte Einleitung und sachgemäße Durchführung eines geordneten Heilverfahrens sorgen, befreien die Genossenschaften von manchen Lasten, weil nach Ablauf der 13 Wochen Unfallfolgen entweder nicht mehr vorhanden oder doch nur in geringem Umfange verblieben sind. Wo solche Einrichtungen fehlen, da ist eine Verwahrlosung oder eine aller Vernunft Hohn sprechende Behandlung der Verletzungen nicht selten die Ursache dauernder schwerer Beeinträchtigungen der Arbeitskraft, welche die Genossenschaft mit hohen Renten belasten. Freilich ist die Gemeinde gesetzlich verpflichtet, den nicht gegen Krankheit versicherten landwirtschaftlichen Lohnarbeitern bei Unfallverletzungen freie ärztliche Behandlung, Arznei und kleinere Heilmittel zu gewähren. Diese Fürsorge ist aber mangelhaft, weil jene Leistungen auf dem Lande meistens zur Erreichung einer sicheren Heilung nicht genügen, weil die ländlichen Gemeinden sich vielfach diesen Aufgaben nach Möglichkeit entziehen, und weil endlich die zahlreichen selbst gegen Unfall versicherten Unternehmer kleiner landwirtschaftlicher Betriebe und deren Angehörige der Fürsorge nicht teilhaftig werden[1]. Die Befugnis der Berufsgenossenschaft, alsbald nach Eintritt des Unfalls die Fürsorge für den Verletzten zu übernehmen, gewinnt nur dann Bedeutung, wenn die Genossenschaft rechtzeitig Kenntnis davon erhält, daß ein Einschreiten angezeigt ist, und belastet sie mit Kosten, welche sonst wenigstens zum Teil andern zufallen würden.

Die Invaliditäts- und Altersversicherungsanstalten haben zahlreiche Renten zu tragen, weil wegen des mangelhaften Verständnisses der ländlichen Bevölkerung für die Forderungen der Gesundheitslehre die den an sich gesundesten Berufen angehörenden Versicherten vorzeitig invalide werden. Wir stehen vor der Thatsache, daß Anstalten mit überwiegend landwirtschaftlicher Bevölkerung nicht etwa nur im ganzen eine höhere Rentenlast zu tragen haben, sondern auch in den jüngeren und mittleren Altersklassen im Verhältnis mehr als die doppelte Zahl von Invalidenrenten festsetzen mußten, als die Anstalten Berlin und Hansestädte mit ihrer rein großstädtischen Bevölkerung. Von der Befugnis, die Fürsorge für erkrankte Versicherte zu übernehmen, um den Eintritt von Invalidität zu verhindern[2], können die Versicherungsanstalten nur Gebrauch machen, wenn in den geeigneten Fällen rechtzeitig der Antrag gestellt wird. Fehlt die Kenntnis von dieser Thätigkeit der Versicherungsanstalt, oder entschließt der Kranke sich zu spät zur Inanspruchnahme der gebotenen Hilfe, so wird zum Nachteil des Kranken wie der Anstalt ein Heilverfahren ent-

---

[1] Zu vergl. unten S. 89 Anm. 3.
[2] § 12 des Reichsgesetzes vom 22. Juni 1889, in den §§ 18 bis 23 der Novelle weiter ausgebildet im Sinne der ausdehnenden Auslegung des Reichsversicherungsamtes, welcher die Praxis der Versicherungsanstalten in stets wachsendem Umfange folgte; der Aufwand für das Heilverfahren stieg von 302 Mk. im Jahre 1891 auf reichlich 1,8 Mill. Mk. im Jahre 1897 und etwa 2,3 Mill. Mk. im Jahre 1898.

weder nicht mehr eingeleitet werden oder doch nur einen teilweisen Erfolg erzielen können, meist aber auch erhöhte Aufwendungen erfordern.

Die obigen Mitteilungen über den Rückgang der Sterblichkeitsziffer lassen erkennen, daß mancher Fortschritt auf dem Gebiete der Gesundheitslehre, der der Stadt bereits zu gute gekommen ist, auf dem Lande seine Wirkung noch nicht auszuüben vermochte. Es ist danach die Hoffnung begründet, daß auf dem Lande bei Hebung des Verständnisses für die Forderungen der Hygiene noch vieles gebessert werden kann. Wenn aber zur baldigen Erreichung dieses Zieles Anregungen von außen unentbehrlich sind, so ist das Interesse der Organisationen der Arbeiterversicherung an den diesen Zweck verfolgenden Bestrebungen unzweifelhaft, und es darf erwartet werden, daß sie sich nach Maßgabe ihres Interesses an der Förderung dieser Bestrebungen beteiligen werden, soweit die ihnen durch das Gesetz gezogenen Schranken dies ermöglichen.

Nach dieser Richtung hin ist das an die Berufsgenossenschaften und Versicherungsanstalten gerichtete Rundschreiben des Reichsversicherungsamtes vom 29. Mai 1897 von grundlegender Bedeutung. Im Anschluß an die Verhandlungen der Delegiertenversammlung des Vaterländischen Frauenvereins vom 30. März 1897 und unter Hinweis auf die im Zusammenwirken mit Krankenkassen, Berufsgenossenschaften und Versicherungsanstalt von dem Zweigverein im Landkreise Königsberg i. Pr. entwickelte segensreiche Thätigkeit auf dem Gebiete der ländlichen Krankenpflege[1] erklärt das Reichsversicherungsamt ein derartiges Zusammenwirken für gesetzlich zulässig und bezeichnet die Verwendung von Genossenschafts- oder Anstaltsmitteln zur Unterstützung solcher Wohlfahrtseinrichtungen nach Maßgabe des vorhandenen Bedürfnisses und unter Voraussetzung entsprechender Gegenleistungen als unbedenklich. Es erkennt dabei an, daß die Errichtung von Krankenpflegestationen vor allem für die der sofortigen und unausgesetzten ärztlichen Fürsorge weniger zugänglichen ländlichen Bezirke ebensosehr den Interessen der Berufsgenossenschaften und Versicherungsanstalten wie denjenigen der ärmeren Volksklassen entspricht, und empfiehlt die Anträge der Frauenvereine zur wohlwollenden Prüfung und, wo dies angängig, zur Berücksichtigung.

Unter Hinweis auf dies Rundschreiben hat sodann auch der preußische Minister für öffentliche Arbeiten die zuständigen Behörden zu thunlichstem Entgegenkommen, soweit die staatliche Unfallversicherung und staatliche Betriebs- und Baukrankenkassen beteiligt sind, aufgefordert.

Diese Sachlage gab Anlaß zu einer Rundfrage bei 30 Invaliditäts- und Altersversicherungsanstalten, 48 land- und forstwirtschaftlichen und 14 gewerblichen Berufsgenossenschaften[2], bei welcher über folgende Punkte Auskunft erbeten wurde:

1. Sind dort ungünstige Erfahrungen hinsichtlich der Krankenpflege auf dem Lande gemacht? in bezug auf die rechtzeitige Einleitung und

---

[1] Näheres darüber unten S. 71, 72.
[2] Nachstehend sind die Abkürzungen: V.A. = Invaliditäts- und Altersversicherungsanstalt, B.G. = Berufsgenossenschaft, L.B.G. = land- und forstwirtschaftliche Berufsgenossenschaft benutzt.

sachgemäße Durchführung des Heilverfahrens? auf die Erhöhung der Rentenlast? nach anderer Richtung?

2. Welche Bestrebungen sind im dortigen Bezirk etwa hervorgetreten, um eine Besserung herbeizuführen? Welche Erfolge sind bis jetzt zu verzeichnen? Ist auf dem eingeschlagenen Wege in absehbarer Zeit ein durchgreifender Erfolg zu erwarten? zutreffendenfalls: aus welchen Gründen nicht?

3. Ist dortseits bereits Anlaß zu einer Förderung derartiger Bestrebungen genommen? In welcher Weise und mit welchem Erfolge? Wenn dies nicht der Fall war: Ist es aus grundsätzlichen Bedenken unterblieben oder lediglich, weil sich bis jetzt ein geeigneter Anlaß nicht bot?

4. Würde eine Förderung der auf Besserung der Krankenpflege auf dem Lande gerichteten Bestrebungen durch Gewährung von Zuschüssen, und wenn dies bislang schon geschah, auch eine Erhöhung der Aufwendungen dortseits in Erwägung gezogen werden, wenn erwartet werden darf, daß die zu treffenden Einrichtungen nicht nur vereinzelt, sondern mehr oder minder im ganzen Bezirk eine Besserung herbeiführen werden?

Auf diese Umfrage sind von 29 B.A.A., 34 L.V.G.G. und 8 gewerblichen B.G.G. mehr oder minder ausführliche Antworten eingelaufen. Freilich deutet manches darauf hin, daß auch hier für persönliche Auffassungen ein breiter Raum geblieben ist, denn in nicht wenigen Fällen zeigen die Berichte aus denselben Bezirken Abweichungen, welche keineswegs in den ja nicht völlig gleichen Interessen der beiden Versicherungszweige ihre Erklärung finden. Gleichwohl verdienen die Äußerungen dieser Organisationen, denen die Fürsorge für mehr als den vierten Teil der gesamten Bevölkerung obliegt[1], nicht allein dieses Umstandes wegen größte Beachtung, sondern auch aus dem weiteren Grunde, weil eine wirklich alle Teile unseres Vaterlandes umfassende Besserung der Krankenpflege auf dem Lande anscheinend nur dann erwartet werden darf, wenn es gelingt, jene großen und leistungsfähigen Einrichtungen für eine thatkräftige Förderung der Bestrebungen zu gewinnen. Es besteht sonst die Gefahr, daß gerade, wo die Verhältnisse am dringendsten Besserung heischen, die Erreichung der letzteren nicht möglich ist, weil Mangel an Einsicht und Dürftigkeit der Bevölkerung die Bereitstellung der unentbehrlichen Mittel unmöglich machen. Wie die Versicherungsanstalten für die so rasch aufblühende Heilstättenbewegung zur Bekämpfung der Tuberkulose das Rückgrat bilden, indem sie den Stamm der Heilstättenpfleglinge entsenden, so scheinen sie in Verbindung mit den Berufsgenossenschaften und Krankenkassen berufen, die Stützen für ein planmäßiges Vorgehen zur Besserung der ländlichen Krankenpflege zu werden, bis die neuen Einrichtungen in der Bevölkerung feste Wurzel gefaßt haben.

Im einzelnen ist den Berichten folgendes zu entnehmen:

1. **Provinz Ostpreußen:** V.A.: Die Anträge auf Einleitung eines Heilverfahrens werden meistens verspätet gestellt. Die Mehrzahl der an sich zur Behandlung geeigneten Fälle gelangen deshalb erst zur Kenntnis

---

[1] Allein die L.V.G.G. umfassen mehr als 11 Millionen Versicherte.

der B.A., wenn von dauernder Besserung kaum noch die Rede sein kann. Weil die ärztlichen Vorschriften bezüglich der Reinlichkeit, der Diät und des sonstigen Verhaltens unbeachtet bleiben, bietet nur Krankenhausbehandlung Aussicht auf Erfolg. Der seit 1897 gemachte Versuch, mit Hilfe der von Frauenvereinen angestellten Gemeindeschwestern auch eine ambulatorische Krankenbehandlung zu ermöglichen, kann noch nicht als gelungen bezeichnet werden. Den Frauenvereinen wird neben Bereitstellung eines 3% Hypothekdarlehns auf ihre Krankenhäuser ein Zuschuß von vorläufig 10 Mk. für jede Gemeindeschwester (1897: 12, 1898: 15, 1899: 21) gewährt, wofür diese nach Maßgabe einer Dienstanweisung die Interessen der B.A. nach verschiedenen Richtungen hin zu fördern hat[1]. Eine Erhöhung des Aufwandes wird in Aussicht genommen, wenn die Einrichtungen mehr dem ganzen Anstaltsbezirk zu gute kommen können.

L.B.G.: Bei Verletzungen wird das Heilverfahren vielfach weder rechtzeitig eingeleitet noch sachgemäß durchgeführt, sodaß mehrfach Renten bewilligt werden müssen, obwohl der Verlust an Erwerbsfähigkeit zu vermeiden gewesen wäre. Es haben auf Anregung vielfach die Kreise den Gemeinden die gesetzliche Verpflichtung zur Leistung freier ärztlicher Behandlung u. s. w. abgenommen. Der Versuch des Zusammenwirkens mit Frauenvereinen ist in einem Kreise gemacht. Wenn erwartet werden darf, daß eine den Aufwendungen entsprechende Besserung erreicht wird, würde mit weiterem Vorgehen nicht gezögert werden.

2. Provinz Westpreußen: B.A.: Besondere Wahrnehmungen sind nicht gemacht. 1897 wurde die Gewährung eines Zuschusses an das Rote Kreuz zur Ausbildung von Krankenpflegerinnen und Errichtung von Verbandsstationen abgelehnt, weil das Gesetz nur das Einschreiten zu Gunsten einzelner Versicherter unter bestimmten Voraussetzungen zulasse. Anträge von Frauenvereinen um Zuschüsse für die Errichtung von Gemeinde- und Krankenpflegestationen sind 1898 vorläufig zurückgewiesen, bis der Nachweis einer den Interessen der B.A. dienenden Thätigkeit geführt wird. Von Belang für die B.A. wird es auch sein, ob die Bestrebungen vereinzelt bleiben oder dem ganzen Bezirk zu gute kommen.

L.B.G. Dadurch, daß die Gemeinden ihrer gesetzlichen Verpflichtung, den Unfallverletzten freie ärztliche Behandlung und Medizin zu gewähren, verspätet und ungenügend (Zuziehung von Kurpfuschern an Stelle von Ärzten!) nachkommen, vielfach erst dann, wenn sie zwangsweise dazu angehalten werden, wird oft dauerndes Siechtum und Verlust oder Minderung der Erwerbsfähigkeit herbeigeführt. Um Abhilfe zu schaffen, tritt die B.G. schon vor Ablauf der 13 Wochen ein. Was die Leistung von Zuschüssen

---

[1] Die Bestimmungen der Anweisung haben im allgemeinen die Grundlage für die in Anlage 2 mitgeteilten Vertragsentwürfe gebildet. Sie verpflichteten die Gemeindeschwestern außerdem noch zur Kontrolle der Rentenempfänger und Erstattung der Anzeige, sobald infolge Besserung des Zustandes die Entziehung der Rente möglich ist. Die Erfüllung derartiger Aufgaben erschwert der Gemeindeschwester eine gedeihliche Thätigkeit in hohem Grade, und es sollten B.A.A. und B.G.G. schon im eigenen Interesse von solchen Forderungen Abstand nehmen.

(50 Mk. jährlich für jede Gemeindediakonisse) anbetrifft, so ist die Stellungnahme einstweilen noch eine abwartende wie bei der B.A.

3. **Provinz Brandenburg:** B.A.: Die Fälle, in denen ein sachgemäßes Heilverfahren zu spät eingeleitet wird, sind sehr zahlreich. Die Versuche der B.A., auf Besserung hinzuwirken, hatten keinen durchgreifenden Erfolg. Ohne eine festgefügte besondere Organisation wird es nicht gelingen, Wandel zu schaffen. Von dem den vaterländischen Frauenvereinen seitens der B.A. gemachten Angebot, für jede auf dem platten Lande stationierte Krankenpflegerin einen widerruflichen Zuschuß von jährlich 60 Mk. zu gewähren, haben acht Vereine für zehn Schwestern Gebrauch gemacht. Ausnahmsweise ist der Zuschuß auf 80 und 100 Mk. erhöht. Für bereits bestehende Stationen sowie für Schwestern, welche in einer Stadt wohnen, wird ein Zuschuß nicht gewährt. Möglichst ausgedehnte Inanspruchnahme des Zuschusses wird von der B.A. für erwünscht erachtet.

L.B.G.: Infolge der Indolenz der Landarbeiter wird bei Unfallverletzungen ein Heilverfahren wenn überhaupt, dann oft viel zu spät und in unzureichender Weise (Kurpfuscher, Ziehmänner, Schäfer werden dem Arzt vorgezogen!) eingeleitet, daher nicht unwesentliche Erhöhung der Rentenlast. Es wird deshalb vielfach schon vor Ablauf der 13 Wochen die Krankenfürsorge übernommen. Bezüglich der Gewährung von Zuschüssen für die Anstellung von Krankenpflegerinnen verhält die B.G. sich bis weiter ablehnend, weil Beihilfen in genügender Höhe der Kosten wegen nicht geboten werden können, und wegen der großen Entfernungen auf dem Lande die Hilfe einzelner Schwestern zu geringen Wert hat.

4. **Provinz Pommern:** B.A.: Die Krankenpflege läßt in Bezug auf rechtzeitige Einleitung wie auf sachgemäße Durchführung sehr viel zu wünschen übrig, namentlich in den Gemeindebezirken, weniger auf den Gütern. Erhöhung der Rentenlast daher unausbleiblich. Es mehrt sich die Zahl der Kreiskrankenhäuser. Einzelne Gutsherrschaften haben Diakonissen. — Zur Förderung der Bestrebungen der Frauenvereine sollen für Gemeindepflegestationen bis zu 100 Mk. für jede Schwester, im ganzen bis zu 10000 Mk. jährlich aufgewendet werden. Die Bewilligung erfolgt widerruflich und hauptsächlich im Anschluß an die Thätigkeit der Kreisausschüsse im allgemeinen mit 20 Mk. auf je 1000 Einwohner. Bewilligt sind Beihilfen für 5 Stationen. Weitere Verhandlungen schweben.

L.B.G.: Die Äußerung der B.A. wird als den Beobachtungen der B.G. entsprechend bezeichnet. Die widerrufliche Bewilligung jährlicher Beihilfen von 50—100 Mk. für Gemeindepflegestellen (Diakonissenstationen) mit Zustimmung der beteiligten Sektionen, welche die Hälfte vorweg zu tragen haben, ist in Aussicht genommen. Für 9 Stationen sind 465 Mk. Beihilfen bewilligt. Wegen 10 Stationen schweben Verhandlungen. Es ist davon ausgegangen, daß für Bezirke von 10—12 Ortschaften mit 5—6000 Einwohnern je eine Krankenpflegerin erforderlich sein und demnach ein Aufwand bis zu 30000 Mk. d. i. 1,2% der Grundsteuer in Frage kommen werde. Die beschränkten Mittel der Frauenvereine und die geringe Zahl von Krankenpflegerinnen hindern rasches Vorgehen.

Die Kranken= und Hauspflege auf dem Lande. 49

5. **Provinz Posen:** V.A.: Kann nähere Auskunft nicht erteilen. Die Diakonissenstationen der Frauenvereine sind meist in den Kreisstädten.

L.B.G.: Wo Gemeinden oder andere Verpflichtete die Krankenfürsorge zu übernehmen haben, wird infolge ungeeigneten Heilverfahrens der Heilprozeß nicht allzu selten verzögert oder vereitelt, sodaß in der Regel Verkrüppelungen oder dauerndes Siechtum zurückbleiben und zur Gewährung verhältnismäßig hoher Renten führen. Zuschüsse an Frauenvereine u. s. w. werden nicht gewährt, die gesetzliche Zulässigkeit der Leistung solcher Beihilfen auch nicht für zweifellos erachtet.

6. **Provinz Schlesien:** L.B.G.: Gelegenheit zu geeigneter Krankenhausbehandlung ist genügend vorhanden und steht den Verletzten zum Teil unentgeltlich zu Gebote. Der wünschenswerten Ausgestaltung der Hauspflege stehen vielfache Schwierigkeiten gegenüber: die den Forderungen der Hygiene nicht entsprechenden Wohnungsverhältnisse, Gleichgültigkeit der ländlichen Bevölkerung, welche zur Vernachlässigung der erlittenen Verletzungen und Zuziehung von Kurpfuschern führen. Wegen der Gewährung von Zuschüssen an Frauenvereine schweben Verhandlungen. Den Bestrebungen wird entsprechend ihrer hohen Bedeutung größte Beachtung geschenkt.

7. **Provinz Sachsen:** V.A.: Nach den gemachten Wahrnehmungen läßt die Krankenpflege in mancher Hinsicht noch viel zu wünschen übrig. Die Anträge auf Übernahme des Heilverfahrens müssen in beträchtlicher Zahl als aussichtslos abgelehnt werden, weil die Krankheit bereits zu weit vorgeschritten ist. In Ermanglung genauer Beobachtungen kann der Einfluß der mangelhaften Krankenpflege auf die Belastung der V.A. nicht zahlenmäßig bezeichnet werden. Die gesetzliche Zulässigkeit der Gewährung von Zuschüssen an Frauenvereine u. s. w. ist nicht für völlig zweifellos erachtet, indes beschlossen, einstweilen sich nicht grundsätzlich ablehnend zu erhalten. Eine Beihilfe von jährlich 60 Mk. ist bewilligt; weitere Anträge schweben noch. Das Zusammenarbeiten mit den kleinen Lokalvereinen wird als minder ersprießlich für die V.A. erachtet, vielmehr das Eintreten von Bezirksvereinen oder Bezirksverbänden als wünschenswert bezeichnet.

L.B.G.: Die Mängel der Krankenfürsorge auf dem Lande, welche auf die erschwerte Erreichbarkeit des Arztes, die größere Entfernung geeigneter Krankenhäuser, den Charakter der ländlichen Bevölkerung, die Wohnungsverhältnisse u. s. w. zurückzuführen sind, treten auch hier zu Tage und haben wegen der verspäteten Einleitung und nicht sachgemäßen Durchführung des Heilverfahrens eine Erhöhung der Rentenlast zur Folge, obwohl die Krankenversicherungspflicht fast überall auf die landwirtschaftlichen Arbeiter ausgedehnt ist, auch die B.G. häufig schon vor Ablauf der ersten 13 Wochen nach dem Unfall das Heilverfahren selbst übernimmt. — Anträge auf Beihilfen sind von Frauenvereinen u. s. w. noch nicht gestellt, würden aber insbesondere dann wohlwollend in Erwägung gezogen werden, wenn die Bestrebungen sich nicht auf einzelne Gemeinden beschränken, sondern auf das ganze Gebiet der B.G. ausdehnen würden.

8. **Provinz Schleswig=Holstein.** V.A.: Im allgemeinen liegen wohl infolge einer ausgedehnten ärztlichen Fürsorge die Verhältnisse nicht

gerade ungünstig, wenn auch das Vorhandensein gut gebildeter Pflegerinnen noch großen Nutzen schaffen könnte. Es sind demgemäß 3000 Mark zu Beihilfen für Krankenpflegestationen bereit gestellt, und in einigen Fällen auf Antrag Zuschüsse von 75 Mark vorläufig auf ein Jahr bewilligt. Das weitere Vorgehen wird von dem Ergebnis der demnächstigen Erfahrungen abhängig gemacht. Vorausgesetzt wird, daß auch Zuschüsse von der L.B.G. und den interessierten Krankenkassen, sowie von dem Träger der Einrichtung (Frauenverein u. s. w.) geleistet werden. Es wird besondere Rücksichtnahme auf die Interessen der B.A. und jährliche Berichterstattung erwartet.

L.B.G.: Tritt den Äußerungen der B.A. bei und bemerkt, daß weitere Schädigungen durch Übernahme der Krankenfürsorge während der ersten 13 Wochen abgehalten sind. Den Sektionen ist durch Rundschreiben vom 27. September 1898 empfohlen, mit den Frauenvereinen u. s. w. in Verbindung zu treten. Es ist darauf einem Verein eine jährliche Beihilfe von 100 Mark zugesichert, während mehrere Anträge noch schweben.

9. Provinz Hannover. B.A.: Unverkennbar wird vielfach durch Vernachlässigung von Krankheiten, insbesondere Lungenerkrankungen, vorzeitige zur Inanspruchnahme der Invalidenrente führende Erwerbsunfähigkeit hervorgerufen, wenn auch statistisches Material über die Unzulänglichkeit der Gesundheitspflege und der Krankheitsbehandlung der Versicherten auf dem Lande zur Zeit nicht zu beschaffen ist. Auf die Besserung dieser Verhältnisse hinzuwirken, wird in erster Linie Aufgabe der staatlichen und kommunalen Organe sein, deren Bestrebungen die B.A. gern unterstützen wird, sobald sich Erfolge, wenn auch nur in beschränkten Kreisen zeigen. Auf Krankenhäuser sind 715000 Mark Hypothekdarlehen bewilligt. Frauenvereinen, Gemeinden u. s. w. werden für neu errichtete Krankenpflegestationen Beihilfen von 60 bis 80 Mark, für bereits bestehende Beihilfen von 25 bis 39 Mark für jede Schwester gewährt, unter Verzicht auf vertragsmäßige Abmachungen, aber in der Erwartung, daß die Interessen der B.A. besonders berücksichtigt und alljährlich Nachweisungen über die Thätigkeit eingereicht werden. Von 22 Anträgen ist bislang erst einer berücksichtigt.

L.B.G.: Wo die Krankenversicherungspflicht nicht auf die landwirtschaftlichen Arbeiter ausgedehnt ist (42 von 69 Landkreisen), fehlt es bei Betriebsunfällen an der rechtzeitigen Inanspruchnahme ärztlicher Hilfe und sachverständiger Behandlung der Verletzten sehr oft. Es sind deshalb besondere Formulare eingeführt, um Verletzte und Gemeindevorstände in jedem einzelnen Fall auf die Verpflichtung der Gemeinde zur Krankenfürsorge hinzuweisen. Im Zusammenwirken mit den Sektionen werden Zuschüsse zu den Kosten der Krankenpflegestationen geleistet und zwar je nach der Höhe der von den Sektionen geleisteten Beiträge bis zu 60 Mark jährlich für jede Schwester. Die Anstellung von Schwestern ist in acht Kreisen erfolgt oder doch bestimmt in Aussicht genommen.

Schaumburg-Lippische L.B.G.[1]: Verspätete Inanspruchnahme ärztlicher Hilfe und Nichtbefolgung der Anordnungen des Arztes führen

---

[1] Hier aufgeführt, weil der Bezirk der B.G. zu dem der B.A. Hannover gehört.

insbesondere bei Knochenbrüchen häufig zu Schäden. Die Krankenhäuser reichen nicht aus. Die Frauenvereine und Gemeindeschwestern beschränken ihre Thätigkeit auf städtische Bezirke. Die B.G. würde gern die Bestrebungen zur Besserung der Krankenpflege auf dem Lande auch finanziell unterstützen; bisher fehlte es an Gelegenheit dazu.

10. **Provinz Westfalen.** B.A.: Besondere ungünstige Erfahrungen sind nicht gemacht, soweit solche nicht auf die allgemein bekannten Verhältnisse der ländlichen Bezirke (größere Entfernungen von Arzt und Apotheke, Verteuerung der ärztlichen Behandlung, Mangel an geeignetem Pflegepersonal u. s. w.) zurückzuführen sind. Einzelne Lokalbehörden nehmen reges Interesse an der rechtzeitigen Zuweisung von Kranken behufs Einleitung des Heilverfahrens. Da letzteres fast immer in Kurorten, Heilanstalten u. s. w. durchgeführt wird, kommen hierfür die ländlichen Verhältnisse nicht in Betracht. Vom Vaterländischen Frauenverein sind im Kreise Siegen Gemeindekrankenpflegerinnen, im Kreise Gelsenkirchen Hauspflegerinnen, welche in Krankheitsfällen die Führung des Haushalts übernehmen, angestellt. Für letztere ist der erbetene Zuschuß abgelehnt, weil das Unternehmen mehr wirtschaftliche als gesundheitliche Zwecke verfolgt und wesentlich nicht der B.A. angehörenden Personen zu gute kommt. Auch hinsichtlich der Krankenpflege will die B.A. noch abwarten, ob der angestrebte Zweck thatsächlich erreicht wird, und wie weit den Versicherten Vorteile daraus erwachsen.

L.B.G.: Die Krankenpflege läßt manches zu wünschen übrig. Insbesondere bei zerstreuter Wohnweise wird ärztliche Hilfe in vielen Fällen zu spät in Anspruch genommen. Rechtzeitige Einleitung und sachgemäße Durchführung des Heilverfahrens schützt die B.G. vor bedeutenden Renten. Sie tritt daher vielfach schon vor Ablauf der ersten 13 Wochen ein. Den Sektionen ist ein Zusammengehen mit den Frauenvereinen anheim gegeben, dem in einzelnen Kreisen entsprochen ist. Erst wenn die Sache mehr zu übersehen ist, wird die B.G. Stellung dazu nehmen.

11. **Provinz Hessen-Nassau:** B.A.: In dem ehemals Kurfürstlich Hessischen Teile befinden sich neben der Universitätsklinik in Marburg sieben Landkrankenhäuser, welche unbemittelte Kranke unentgeltlich aufnehmen. Die Verhältnisse in Bezug auf Krankenpflege werden dadurch recht günstig beeinflußt. Beim Fehlen statistischen Materials kann weitere Auskunft nicht gegeben werden. Ein Antrag auf Zuschuß zu den Kosten einer Krankenpflegestation ist der finanziellen Tragweite halber abgelehnt.

L.B.G.: Der Standpunkt bezüglich der Unterstützung von Krankenpflegestationen ist gleich wie bei der B.A. ein ablehnender, obwohl die Krankenpflege auf dem Lande als besserungsbedürftig empfunden wird. Die Versuche, durch Übernahme der Fürsorge für Verletzte vor Ablauf der 13 Wochen Besserung zu erreichen, hat wenig Erfolg gehabt.

12. **Rheinprovinz:** B.A.: Daß eine vernunftwidrige Behandlung, wie sie bei Unfallverletzungen häufiger vorkommt, oft zur Invalidität führe, ist im allgemeinen nicht beobachtet worden. In manchen Fällen mag allerdings der Eintritt der Invalidität die Folge der unterbliebenen rechtzeitigen Einleitung einer sachverständigen Behandlung gewesen sein. Die

segensreiche Thätigkeit einer großen Anzahl von Krankenhäusern und Anstalten ist unverkennbar von günstigem Einfluß. Die ärmeren Gebirgsgegenden stehen zurück. — Die Unterstützung der B.A. ist nur für die Bestrebungen des Vereins „Landeswohlfahrt" im Standesgebiete Solms-Braunfels, Kreis Wetzlar, in Anspruch genommen, aber als nicht vereinbar mit den gesetzlichen Bestimmungen abgelehnt worden. Aus diesem Grunde wird die Verwendung von Mitteln der B.A. für bedenklich erachtet, wenn es nicht gesichert ist, daß sie ausschließlich den Versicherten zu gute kommen.

L.B.G.: Die zunächst vielfach gemachten ungünstigen Erfahrungen, daß die Lasten der B.G. stiegen, weil ärztliche Hilfe zu spät oder garnicht in Anspruch genommen und das Heilverfahren nicht sachgemäß durchgeführt war, schwinden, nachdem geeignete Einrichtungen getroffen sind, um das Heilverfahren vom Eintritt des Unfalls an besser überwachen zu können. Anlaß zu weiteren Maßnahmen liegt daher nicht vor.

13. **Oberbayern:** B.A.: Auskunft wird ohne umfassende Erhebungen nicht für möglich erachtet.

L.B.G.: Ungünstige Erfahrungen sind in besonders hervortretendem Grade nicht gemacht, obwohl vielfach von den Verletzten an Stelle des Arztes ein sog. „Beinbruchheiler" zugezogen wird. Besondere Bestrebungen zu unterstützen, hat die B.G. keine Veranlassung.

14. **Niederbayern:** B.A.: Durch die zahlreichen Distriktskrankenhäuser ist für die Krankenpflege bestens gesorgt, sodaß kein Grund zu besonderen Maßnahmen vorliegt, wozu auch ein Anlaß von anderer Seite bislang nicht gegeben wurde.

15. **Pfalz:** B.A.: Die Verhältnisse befriedigen und geben keinen besonderen Anlaß, auf Besserung zu drängen.

16. **Oberpfalz und Regensburg:** B.A.: Trotz Vorhandenseins zahlreicher distriktiver und lokaler Krankenanstalten vertrauen sich die aufnahmeberechtigten Kranken doch vielfach Kurpfuschern an oder suchen das Krankenhaus zu spät auf oder verlassen es zu früh, um den Arbeitsverdienst nicht zu verlieren. Nur Belehrung der betreffenden Bevölkerungskreise wird Abhilfe schaffen.

L.B.G.: Der Arzt wird erst aufgesucht, wenn es zu spät ist, um wirksam und ohne Verlust des Lebens oder einzelner Glieder eingreifen zu können. Die B.G. kann selten rechtzeitig eintreten und muß oft mit der Entziehung der Renten drohen, um die Abneigung gegen Krankenhausbehandlung zu beseitigen. Eine Besserung der Krankenpflege auf dem Lande erscheint wegen der damit verbundenen Kosten und Schwierigkeiten kaum möglich.

17. **Oberfranken:** B.A.: Bei den vielfach ungünstigen Erwerbsverhältnissen wird nur in den allerdringendsten Notfällen zum Arzt geschickt und auch dann meistens zu spät, nachdem vorher von Badern oder mit Hausmitteln darauf loskuriert ist. Aus denselben Gründen erfordert das Heilverfahren bei Übernahme der Krankenfürsorge meist bedeutende Aufwendungen, bietet aber gleichwohl sehr wenig Aussicht auf Erfolg und wird erschwert durch die Abneigung der ländlichen Bevölkerung, sich einer streng durchgeführten Krankenbehandlung zu unterziehen. Eine Erhöhung der

Die Kranken- und Hauspflege auf dem Lande. 53

Rentenlast ist die notwendige Folge. — Neben einer Vermehrung der Krankenhäuser sind in einzelnen größeren Gemeinden Krankenschwestern angestellt, was der hohen Kosten wegen indes nur besonders leistungsfähigen Gemeinden möglich ist. Der B.A. war noch kein Anlaß zur Unterstützung der auf die Besserung der Krankenpflege gerichteten Bestrebungen geboten; sie würde dieselbe aber innerhalb der durch die Anstaltsinteressen gezogenen Grenzen in Aussicht nehmen.

L.B.G.: Die Unfallverletzten sind meist Unternehmer oder Angehörige von solchen und haben daher keinen Anspruch auf Fürsorge während der ersten 13 Wochen. Aus Scheu vor den Kosten wird nur ein „Einrichter" oder sonstiger Kurpfuscher, höchstens für ganz kurze Zeit ärztliche Hilfe in Anspruch genommen. Nach Ablauf der 13 Wochen ist meist der Schaden nicht mehr zu beseitigen, sodaß die Rentenlast erhöht wird. Die Zahl der Krankenhäuser ist schon ziemlich groß und wächst noch. Aber die Verletzten weigern sich hineinzugehen oder verlassen dieselben vor der Zeit eigenmächtig. Daran scheitern auch die Versuche der B.G., schon während der ersten 13 Wochen einzutreten. Die Hauspflege verursacht unverhältnismäßig hohe Kosten, ohne Aussicht auf Erfolg zu bieten, da die Befolgung der ärztlichen Anordnungen nicht überwacht werden kann, und häufig die mißlichen häuslichen Verhältnisse eine ordentliche Pflege unmöglich machen. Die B.G. kann Aufwendungen zur Besserung der Krankenpflege nicht wohl in Aussicht nehmen.

18. Mittelfranken: B.A.: Die Erfahrungen sind im allgemeinen nicht ungünstig, da Distrikts- und Lokalkrankenhäuser in größerer Zahl vorhanden sind, und von ihnen aus auch ambulante Krankenpflege ausgeübt wird. Die Vorliebe der ländlichen Bevölkerung für die Zuziehung von Pfuschern und Badern insbesondere bei leichteren Verletzungen, die dann häufig schlecht heilen, beruht nicht auf dem Mangel an Krankenpflege sondern auf Vorurteil. Alle Bestrebungen zur Besserung der Krankenpflege sind bislang von den Gemeinden ausgegangen, zum Teil wesentlich unterstützt von den Frauenvereinen. Die B.A. hat sich bislang nicht beteiligt.

19. Unterfranken: B.A.: Distriktskrankenhäuser sind vorhanden. Gegen das florierende Kurpfuschertum ist jedoch schwer anzukämpfen. Nachteilige Einwirkungen auf die Rentenlast sind nicht wahrgenommen. Anträge auf Übernahme der Krankenfürsorge sind selten. Zuschüsse der B.A. würden diese stark belasten und die Gemeinden zur Minderung ihrer Leistungen veranlassen.

L.B.G.: In Bezug auf rechtzeitige Einleitung und sachgemäße Durchführung des Heilverfahrens bleibt insbesondere bei den Unternehmern und deren Angehörigen infolge der Indolenz, unangebrachter Sparsamkeit oder gar des Bestrebens, sich den Rentenanspruch nicht zu verkürzen, viel zu wünschen übrig, sodaß die Rentenlast ungünstig beeinflußt wird. Allgemeine Bestrebungen zur Verbesserung der Krankenpflege auf dem Lande sind noch nicht hervorgetreten. Wenn es auch ein großer Gewinn wäre und dem Geiste der Arbeiterschutzgesetzgebung entsprechen würde, Abhilfe zu schaffen durch Einrichtung von Gemeindepflegestationen unter Beteiligung der Frauenvereine, so ist es doch zweifelhaft, ob die namhaften Kosten den zu erwartenden Erfolgen entsprechen, und es politisch richtig ist, die ohnehin stark belasteten Betriebsunternehmer auch hierzu heranzuziehen und damit den Grund zu Klagen zu vermehren.

20. **Schwaben:** B.A.: Die Fälle gänzlich mangelnder oder unzureichender Krankenpflege sind nicht allzu zahlreich. Eine ungünstige Einwirkung auf die Rentenlast hat sich nicht bemerkbar gemacht. Über private Bestrebungen auf dem Gebiete der Krankenpflege ist näheres nicht bekannt geworden. Anträge auf Beihilfen würden mit Wohlwollen entgegengenommen werden.

L.B.G.: Krankenhäuser und Ärzte stehen in genügender Zahl zur Verfügung und werden auch in Anspruch genommen, soweit nicht die Aussicht auf Rente dazu verleitet, die Unfallfolgen zu verheimlichen, bis die Aussicht auf Besserung geschwunden ist. Anträge auf Beihilfen konnten schon deshalb nicht in Frage kommen, weil die Frauenvereine ihre Thätigkeit auf die Städte beschränken. Im Bezirksamt Nördlingen hat man behördlicherseits die Ausbildung besonderer Krankenpflegerinnen in Angriff genommen. Von der weiteren Entwicklung dieses Unternehmens wird die B.G. ihre Stellungnahme abhängig machen.

21. **Württemberg:** B.A.: Infolge Ausdehnung der Krankenversicherungspflicht auf Dienstboten und landwirtschaftliche Arbeiter in Verbindung mit dem Vorhandensein zahlreicher Krankenhäuser ist auch für die ländlichen Bezirke im allgemeinen gut gesorgt. Die Erfahrungen waren daher hinsichtlich der Rentenanträge wie auch der Krankenfürsorge nicht gerade ungünstig. Dagegen betont eine durch die B.A. vermittelte Mitteilung der Centralleitung des Wohlthätigkeitsvereins, daß von der Landbevölkerung von dem Krankenhaus nur in schweren Fällen Gebrauch gemacht werde, meistens leichtere Krankheiten zum Nachteil für Krankenkassen und B.A. vernachlässigt würden. Die noch sehr im argen liegende Krankenpflege auf dem Lande zu bessern, sei eine Vermehrung der noch wenig zahlreichen Krankenpflegestationen erforderlich, der aber der Mangel an Pflegerinnen wie an Mitteln zur Deckung der Kosten hindernd entgegenstehe, wenn auch dürftigen Gemeinden seitens des Vereins einmalige und laufende Zuschüsse gewährt werden. Bestrebungen, welche nicht lediglich lokalen Interessen dienen, bringt die B.A. ihr vollstes Interesse entgegen.

Die L.B.G. L.B.G. für den Neckarkreis und den Schwarzwaldkreis haben im allgemeinen keine ungünstigen Erfahrungen gemacht, wogegen die L.B.G. für den Jagstkreis die Krankenpflege namentlich für die nicht gegen Krankheit versicherten Personen als mangelhaft bezeichnet und von garnicht seltenen Fällen spricht, in denen wegen nicht rechtzeitiger und nicht sachgemäßer Durchführung des Heilverfahrens eine Wiederherstellung erschwert oder vereitelt und die Rentenlast erhöht wird. Mangel an Verständnis für fortschrittliche Neuerungen auf dem Gebiete der Gesundheitspflege und Abneigung gegen alle Anregungen von außen sind bei der Landbevölkerung so sehr verbreitet, daß der Erfolg aller Bestrebungen zweifelhaft erscheinen muß. Die Gewährung von Beihilfen wird zum Teil nach der Auffassung

Die Kranken- und Hauspflege auf dem Lande.

der Genossenschaftsorgane nicht in Aussicht gestellt, zum Teil wenigstens für jetzt noch nicht in Erwägung gezogen.

22. Königreich Sachsen: V.A.: Infolge der ausgebreiteten Industrie und der statutarischen Ausdehnung der Krankenversicherungspflicht in Verbindung mit der Dichtigkeit der Bevölkerung treten die anderwärts bestehenden Mißstände hier wenig hervor, zumal neben einer ausreichenden Anzahl von Ärzten auch viele Krankenpflegerinnen vorhanden sind. (Diakonissenanstalt mit 118 Gemeindepflegen, darunter 35 in Landgemeinden, Albertverein mit 42 Zweigvereinen, darunter 11 in Land- oder kleinen Stadtgemeinden, obererzgebirg. und voigtländ. Frauenverein.) Die V.A. hatte noch keinen Anlaß, mit Beihilfen einzutreten (abgesehen von der Hergabe von Darlehen zu günstigen Bedingungen), würde solche aber in geeigneten Fällen nicht verweigern.

L.B.G.: Die Erfahrungen sind im allgemeinen günstige, sodaß die B.G. auch nur verhältnismäßig selten Anlaß hat, vor Ablauf von 13 Wochen das Heilverfahren zu übernehmen. Sie hat sich deshalb auch bislang zur Gewährung von Zuschüssen für Krankenpflege nicht entschließen können.

23. Baden: V.A.: Die sanitären Einrichtungen sind auch für die ländlichen Verhältnisse ausreichend. Die V.A. kann gesetzlich nur Einrichtungen treffen, welche ausschließlich den Versicherten zu gute kommen. Im übrigen müssen Stadt, Gemeinde und Wohlthätigkeit eintreten, welche sich auch der Fürsorge für den Arbeiter nicht aus dem Grunde entschlagen dürfen, weil dieser zur Ansammlung von Mitteln gezwungen wird. Die V.A. kann nur Darlehn zum üblichen Zinsfuß in Aussicht stellen.

L.B.G.: Die Erfahrungen sind nicht ungünstig, da Dienstboten und landwirtschaftliche Arbeiter dem Krankenversicherungszwange unterliegen, und Ärzte sowie infolge der segensreichen Thätigkeit des Frauenvereins auch Krankenpflegerinnen in genügender Zahl vorhanden sind. Nur ausnahmsweise ist die Krankenpflege bei unbemittelten Unternehmern oder deren Angehörigen mangelhaft. Die B.G. hatte bislang keinen Anlaß zum Eingreifen.

24. Hessen: V.A.: Die Fälle, in denen Vernachlässigung der Gesundheitspflege vorzeitige Invalidität herbeiführte, sind vereinzelt geblieben. Ärztlicher Rat steht hinreichend zur Verfügung und derselbe findet auch auf dem Lande Beachtung. Es liegt daher kein Grund zu besonderen Maßnahmen vor.

L.B.G.: Die landwirtschaftlichen Arbeiter sind gegen Krankheit versichert. Die bestehenden Einrichtungen sind ausreichend. Vereinzelt greift die B.G. schon vor Ablauf der 13 Wochen ein. Im übrigen hatte sie keine Veranlassung zur Unterstützung irgendwelcher Bestrebungen.

25. Mecklenburg: V.A.: Mißstände, welche die Belastung der V.A. erhöhen, sind nicht hervorgetreten, und deshalb Erwägungen über die hier in Betracht kommenden Fragen nicht angestellt.

Mecklenburg-Strelitz: L.B.G.: Mängel werden häufig wahrgenommen insbesondere bei leichteren Verletzungen, die fast regelmäßig vernachlässigt werden, bis auch ärztliche Hilfe Besserung nicht mehr herbeizuzuführen vermag, sodaß die Belastung der B.G. sich erhöht. Ein Versuch, Besserung herbeizuführen, blieb ohne Erfolg. Bestrebungen, welche die Besserung der Krankenpflege auf dem Lande zum Gegenstand haben, insbesondere solche organisatorischer Art, sind bislang nicht hervorgetreten. Die B.G. dürfte sich voraussichtlich etwaigen Anträgen auf Förderung derartiger Bestrebungen nicht entziehen.

26. **Thüringen:** V.A.: Die Abneigung gegen Krankenhausbehandlung und mangelhafte Beschaffenheit und Lüftung der Aufenthaltsräume sind geblieben. Die direkt zweckwidrige Behandlung bei Verletzungen und Krankheiten ist seltener geworden, nachdem die Krankenversicherungspflicht auf die landwirtschaftlichen Arbeiter ausgedehnt ist, und auch die freiwillige Versicherung mehr Ausdehnung gewonnen hat, infolge dessen aber die Zahl der Ärzte auf dem Lande zunahm. Die Zahl der Gemeindepflegerinnen ist noch gering, ihre Vermehrung dringend wünschenswert. Der V.A. lagen Anträge auf Förderung diesbezüglicher Bestrebungen noch nicht vor. Sie würde solche gern entgegennehmen und wohlwollend in Erwägung ziehen.

Coburg. L.B.G.: Bezüglich rechtzeitiger Einleitung und sachgemäßer Durchführung des Heilsverfahrens bleibt noch viel zu wünschen übrig, und die dadurch verursachte Erhöhung der Rentenlast ist beträchtlich. Insbesondere kommen die zahlreichen kleinen Betriebsunternehmer und deren Angehörige in Betracht.

Rudolstadt. L.B.G.: Die mangelhafte Krankenpflege hat Anlaß zu einer Anweisung an die Vertrauensmänner geboten, daß sie auf die rechtzeitige Einleitung eines sachgemäßen Heilverfahrens hinwirken. Infolge dessen ist Besserung eingetreten.

L.B.G.: für Reuß ä. L.: Mängel werden durch Anordnung der Krankenhauspflege meist beseitigt.

L.B.G.: für Reuß j. L.: Die Krankenpflege ist freilich verbesserungsbedürftig; ungünstige Erfahrungen sind jedoch selten gemacht, da die Dienstboten gegen Krankheit versichert und Landkrankenhäuser vorhanden sind.

27. **Oldenburg:** V.A.: Ärztliche Hilfe wird vielfach zu spät und in ungenügendem Umfange in Anspruch genommen. Die Verhältnisse ermöglichen häufig nicht eine sachgemäße Krankenpflege im Hause. Wo die Verhältnisse an sich bereits günstiger waren, hat die Ausdehnung der Krankenversicherung auf Dienstboten und landwirtschaftliche Arbeiter eine weitere Besserung herbeigeführt. Das Vorhandensein verhältnismäßig zahlreicher Krankenhäuser hat indes in anderen Bezirken die Mängel in Bezug auf die Gesundheitspflege nicht zu bessern vermocht. Die Übernahme der Krankenfürsorge wird häufig zu spät beantragt. Die V.A. hat den Kommunalverbänden, welche die Krankenpflege für den ganzen Bezirk einheitlich organisieren wollen, jährliche Beihilfen von etwa 30 Mk. für jede Pflegerin angeboten und würde auch in weiterem Umfange zu den Kosten beitragen.

L.B.G.: Durch anfängliche Vernachlässigung der Verletzungen insbesondere bei den kleinen Betriebsunternehmern, wegen des ablehnenden

Verhaltens mancher Gemeinden aber auch nicht selten bei Arbeitern, wird die Rentenlast nicht unerheblich erhöht. Zu besonderen Maßnahmen hat die B.G. sich noch nicht entschlossen.

28. **Braunschweig:** B.A.: Weil besondere Erhebungen fehlen, kann Auskunft nicht erteilt werden.

L.B.G.: Die Vernachlässigung der Gesundheitspflege belastet die B.G. nicht erheblich, weil die landwirtschaftlichen Arbeiter gegen Krankheit versichert sind und es an genügender Inanspruchnahme der leicht erreichbaren ärztlichen Hilfe nicht fehlen lassen. Es besteht also für die B.G. kein Anlaß zu irgendwelchen Maßnahmen.

29. **Hansestädte:** B.A. und L.B.G.G. haben in den kleinen in unmittelbarer Nähe der Städte belegenen Landbezirken bemerkenswerte Wahrnehmungen nicht gemacht.

30. **Elsaß-Lothringen.** B.A.: Die Krankenfürsorge auf dem flachen Lande ist rückständig geblieben, wodurch sich die Zahl der Rentenbewilligungen naturgemäß erhöht. Anträge auf Übernahme der Krankenfürsorge werden selten und meistens zu spät gestellt. Zuschüsse für Krankenstationen sind bei der B.A. noch nicht beantragt. Grundsätzlich würde die Verwendung von Mitteln der B.A. für diese Zwecke in dem Umfange, in welchem ihre Interessen eine Förderung erfahren, in Aussicht genommen werden können.

L.B.G. Unter-Elsaß: Die Erfahrungen in Bezug auf die rechtzeitige Einleitung und sachgemäße Durchführung des Heilverfahrens sind recht ungünstige. Daß die Rentenlast sich infolgedessen erhöht, kann einem Zweifel nicht unterliegen. Zur Herbeiführung einer Besserung ist ein Rekonvalescentenheim errichtet worden.

Von acht gewerblichen B.G. B.G. liegen Äußerungen vor. Die nordöstliche Baugewerks-B.G. erwähnt die schadenstiftende Thätigkeit der „Ziehmänner", Schäfer und „weisen Frauen", der indes mit gutem Erfolg vorgebeugt werde durch Anordnung von Krankenhausbehandlung, sobald Wohnung oder Lebensweise nachteilige Folgen befürchten lassen. Beihilfen zu Samariterkursen sind gewährt. Sobald sich Erfolge zeigen, können auch Mittel für ein Zusammenwirken mit den Frauenvereinen in Aussicht genommen werden. — Durch häufige Anordnung von Krankenhausbehandlung sucht auch die Hamburgische Baugewerks-B.G. den Mißständen abzuhelfen, findet dabei aber zum Teil nicht volles Entgegenkommen bei den Ärzten auf dem Lande, denen dadurch Patienten entzogen werden. Neben den Versuchen, durch Beihilfen auf die Einrichtung von Samariterkursen an den Baugewerkschulen hinzuwirken, würde auch die Gewährung von Zuschüssen zur Hebung der Krankenpflege auf dem Lande in Erwägung gezogen werden können.

Die Sächsische Baugewerks-B.G. berichtet über schlechte Erfahrungen insbesondere bei der wendischen Bevölkerung in der Kreishauptmannschaft Bautzen, welche die Hilfe des Kurpfuschers und der „klugen Frau", der des Arztes gern vorzieht, und wird Erfolg versprechende Bestrebungen gern thätig unterstützen. Auch die Hessen-Nassauische Baugewerks-B.G. spricht von Mißständen, giebt aber ebenso sehr dem der ländlichen Be=

völkerung eigenen Mangel einer gewissenhaften Fürsorge für Leben und Gesundheit Schuld als den ungenügenden Einrichtungen und bemerkt, daß umfangreiche Krankenhausbehandlung die B.G. im allgemeinen vor Nachteilen schütze, so daß sie keinen Anlaß zur Unterstützung besonderer Maßnahmen habe, wenn sie ihnen auch sympathisch gegenüberstehe. Ähnliche Wahrnehmungen werden von der Rheinisch-Westfälischen Baugewerks-B.G. berichtet, soweit es sich um wenig bevölkerte Bezirke mit überwiegend Landwirtschaft treibender Bevölkerung handelt, wogegen in den dicht bevölkerten industriellen Gegenden die Verhältnisse günstiger liegen. Die Württembergische Baugewerks-B.G. endlich erklärt, daß die Erfahrungen hinsichtlich der rechtzeitigen Einleitung und sachgemäßen Durchführung des Heilverfahrens ungünstige seien, und eine Erhöhung der Rentenlast eintrete. Sie hat irgend welchen auf die Besserung der Krankenpflege auf dem Lande gerichteten Bestrebungen Unterstützung noch nicht angedeihen lassen, bezweifelt die Erreichung größerer Erfolge, wird aber gern unterstützend eintreten, wenn die zu treffenden Einrichtungen Erfolg versprechen und sich auf den ganzen Bezirk der B.G. erstrecken.

Von der Müllerei-B.G. und der Ziegelei-B.G., welche sich über das ganze deutsche Reich erstrecken, wird mitgeteilt, daß ungünstige Erfahrungen dazu führten, durch umfangreiche Krankenhausbehandlung den Mängeln der Krankenpflege auf dem Lande entgegen zu treten, daß indes die Ausdehnung des Gebietes es verbiete, die Bestrebungen der Frauenvereine u. s. w. an einzelnen Orten zu unterstützen, weil der Aufwand die B.G. unverhältnismäßig belasten müsse.

Wenn die Berichte aus den Bezirken der Hansestädte mit Rücksicht auf das Fehlen größerer ländlicher Bezirke im eigentlichen Sinne dieses Wortes ausgeschieden werden, so bleiben 29 Berichte von V.A.A. und 40 Berichte von B.G.G., darunter 32 von landwirtschaftlichen und 8 von gewerklichen Berufsgenossenschaften zu berücksichtigen.

Von den Versicherungsanstalten haben 12 wesentlich ungünstige, 6 nur teilweise ungünstige und 6 überwiegend günstige Erfahrungen hinsichtlich der Krankenpflege auf dem Lande gemacht, während 4 Berichte sichere Anhaltspunkte für die Beurteilung der Verhältnisse nicht ergeben. Ähnliche Zahlen ergeben sich hinsichtlich der Geneigtheit, die Bestrebungen zur Verbesserung der Krankenpflege thatkräftig zu unterstützen, was von 12 Anstalten bereits geschieht oder doch in Aussicht gestellt wird, wogegen 4 von einer Entschließung noch zunächst die Entwicklung der Sache abwarten wollen, 2 bei im allgemeinen wohlwollender Stellungnahme, doch die gesetzliche Möglichkeit zur Gewährung von Beihilfen nicht für gegeben erachten, andererseits aber 7 wegen der Verhältnisse in ihren Bezirken ein Einschreiten der V.A. für nicht erforderlich oder doch nicht angezeigt erachten, und endlich 3 ihre Stellung zu der Frage nicht näher bezeichnen. Es verhalten sich jedoch einzelne Anstalten trotz der ungünstigen Wahrnehmungen ablehnend, andere bei im allgemeinen nicht ungünstigen Erfahrungen wohlwollend gegenüber der Frage, ob Beihilfen zur Besserung der Krankenpflege gewährt werden können.

Soweit grundsätzliche Bedenken hinsichtlich der gesetzlichen Zulässigkeit der Aufwendungen von Anstaltsmitteln für Zwecke, die nicht lediglich einzelnen Versicherten zu gute kommen, den Grund der ablehnenden Stellungnahme bilden, wird vielleicht die Bestimmung des § 45 des neuen Invalidenversicherungsgesetzes, welche unter gewissen Voraussetzungen die Verwendung von Mitteln zu anderen als den im Gesetz vorgesehenen Leistungen im Interesse der Versicherten und ihrer Angehörigen gestattet, geeignet sein, eine freiere dem Rundschreiben des Reichsversicherungsamtes entsprechende Auslegung des Gesetzes herbeizuführen. Denn diese neue Bestimmung deutet unzweifelhaft darauf hin, daß der Gesetzgeber in weiterem Umfange, als aus der bisherigen Fassung des Gesetzes erkennbar war, Aufwendungen, welche den Versicherten zu gute kommen, billigt, und rechtfertigt damit eine minder enge Auslegung.

Von den Berufsgenossenschaften machten 21 landwirtschaftliche und 4 gewerbliche Beobachtungen über die schädigende Einwirkung der mangelhaften Krankenpflege auf dem Lande in erheblichem Umfange, 7 landwirtschaftliche und eine gewerbliche in geringerem Umfange und 7 hatten über bemerkenswerte Wahrnehmungen nicht zu berichten. Zu der Unterstützungsfrage nehmen indes nur 9 B.G.B.G. eine im allgemeinen günstige, weitere 9 eine noch abwartende, dagegen 15 eine ablehnende Stellung ein, darunter 2, weil sie die gesetzliche Zulässigkeit der Aufwendungen bezweifeln. In den übrigen 7 Berichten fehlt eine ausdrückliche Äußerung.

Stellt schon die weit überwiegende Mehrzahl der Berichte einen mehr oder minder großen Einfluß mangelhafter Fürsorge in den ländlichen Bezirken auf die Belastung fest, so kann der Umfang der Gebiete, in denen derartige Mängel wahrgenommen sind, doch erst dann richtig beurteilt werden, wenn man beachtet, daß nur aus Baden, Hessen und Braunschweig seitens der V.A. und der L.B.G. übereinstimmend die Zustände als befriedigend bezeichnet, im übrigen aber, wenigstens von einer Seite oder für einzelne Teile der Bezirke, Mißstände beklagt werden. Übrigens ist damit, daß V.A. oder B.G. eine Schädigung ihrer Interessen nicht wahrnahmen, selbstverständlich noch nicht gesagt, daß solche Schädigungen thatsächlich nicht vorkamen, und noch weniger, daß die Verhältnisse auch bezüglich der nicht versicherten Personen befriedigende waren[1].

---

[1] Bezeichnend ist nach dieser Richtung hin ein Schreiben des Gutsbesitzers Fricke-Ackenhausen, mit welchem dieser die Erklärung des Vorstandes der Braunschweigischen L.B.G. begleitet und bestätigt, daß die B.G. keine wesentliche Benachteiligung erfahre, und deshalb für sie zu besonderen Maßnahmen kein Grund vorliege. Auf Grund seiner reichen Erfahrungen, die er als praktischer Landwirt, wie bei der Führung der Geschäfte der B.G. sammelte, äußert er sich dahin, daß das Bild sich ganz anders gestalte, wenn man im allgemeinen die Gesundheitspflege auf dem Lande in den Kreis der Betrachtungen ziehe, und empfiehlt dann in eingehenden Darlegungen und mit schlagenden Beispielen aus seiner Umgebung auf das lebhafteste die Anstellung von Gemeindepflegerinnen, für welche nach seiner Überzeugung ein großes und fruchtbares Arbeitsfeld gegeben sei, indem er seine Ausführungen dahin zusammenfaßt:

Eine nähere Prüfung der Berichte ergiebt, daß die Mängel der Krankenfürsorge um so mehr zurücktreten, je dichter die Bevölkerung und je größer die Wohlhabenheit derselben ist, in den schwach bevölkerten, ausschließlich Landwirtschaft treibenden Bezirken und besonders dann, wenn gleichzeitig wenig günstige Erwerbsverhältnisse vorliegen, also am größten sind. Daraus ergiebt sich, daß gerade da, wo sich die größten Schwierigkeiten entgegenstellen, die Abhilfe am notwendigsten ist.

Im übrigen werden hauptsächlich drei Umstände häufiger als Grund für das Vorhandensein im allgemeinen befriedigender Verhältnisse hingestellt: Die Ausdehnung der Krankenversicherungspflicht auf Dienstboten und landwirtschaftliche Arbeiter, eine genügende Zahl von Ärzten in den Landorten und das Vorhandensein guter und genügend zahlreicher Krankenhäuser. Es scheint daher angezeigt, hier kurz zu prüfen, ob der günstige Einfluß, den jene Umstände ja notwendig ausüben, eine Verbesserung der Krankenpflege in der That entbehrlich macht, oder ob sie nur, wenn auch die letztere gesichert ist, zu wirklich befriedigenden Zuständen führen.

Die Ausdehnung der Krankenversicherung kann selbstverständlich nur indirekt wirken, indem sie zu ausgiebigerer Inanspruchnahme ärztlicher Hilfe und wohl auch der Krankenhauspflege führt und damit die Voraussetzungen für die Niederlassung von Ärzten und Errichtung von Krankenhäusern auf dem Lande günstiger gestaltet. Sie erfolgt aber im allgemeinen nur da, wo das Verständnis für die Forderungen der Gesundheitspflege an sich bereits gehoben ist und die Überzeugung von der Notwendigkeit einer besseren Krankenfürsorge in weiteren Kreisen verbreitet hat. Gerade die ungünstigsten Verhältnisse werden also unbeeinflußt bleiben.

Eine intensivere ärztliche Behandlung scheitert keineswegs allein an dem durch große Entfernungen verursachten hohen Aufwande, sondern vielfach muß die Landbevölkerung noch dazu erzogen werden, ärztliche Hilfe rechtzeitig und ausgiebig in Anspruch zu nehmen, anstatt zunächst zu den unvernünftigsten Mitteln zu greifen, Kurpfuschern und Personen, welche das Leiden „besprechen" oder in ähnlicher Weise heilen wollen, sich anzuvertrauen, um zuletzt, wenn nichts mehr helfen kann, den Arzt herbeizuholen und schließlich dessen Beistand als wertlos hinzustellen, wenn er bei einmaligem Besuche nicht das Unmögliche möglich machen konnte.

Leider führt diese Thatsache dazu, daß gerade die Landärzte der Einführung von Krankenpflegerinnen nicht selten großes Mißtrauen entgegenbringen, weil sie fürchten, daß dadurch nur der Kurpfuscherei weiterer Vorschub geleistet werde und zwar in einem um so höheren Grade, je mangelhafter die Ausbildung der Pflegerin war. Wenn auch diese Gefahr nicht

„Die wichtigste, nächstliegende und dringendste Aufgabe zu der fortschreitenden Lösung der socialen Frage liegt in den Händen der Frauen." Nicht von allgemeiner Belehrung oder pekuniärer Unterstützung erwartet er Hilfe, sondern nur von persönlichem Eingreifen, und er fordert hierfür Personen, welche nicht nur gelegentlich, sondern mehr oder minder berufsmäßig eintreten, verkennt aber nicht die Schwierigkeiten, welche der Mangel an Krankenschwestern, die Gleichgültigkeit des größeren Teils der Landbevölkerung in Verbindung mit der Abneigung mancher Ärzte und nicht am wenigsten die Frage der Kostendeckung der allgemeinen Anstellung von Pflegerinnen bietet.

ganz bestritten werden kann, so fehlt es doch andererseits nicht an Mitteln, derselben genügend vorzubeugen, und gerade eine ihrer Aufgabe gewachsene Pflegerin wird wirksamer als der Arzt selbst die Neigung der Landbevölkerung zur Kurpfuscherei bekämpfen können.

Jedenfalls ist aber jene Stellungnahme eines Teiles der Ärzte, welche es auf das äußerste erschwert, die Landbevölkerung von der Notwendigkeit einer besseren Krankenpflege zu überzeugen und der Pflegerin eine gedeihliche Thätigkeit zu sichern, nichts weniger als ein Beweis für das mangelnde Bedürfnis einer besseren Krankenpflege auf dem Lande. Immer rückhaltloser wird von ärztlicher Seite anerkannt, daß der Erfolg der ärztlichen Thätigkeit im weitesten Umfange abhängig sei von der Unterstützung durch eine sorgfältige Krankenpflege, und ohne eine kundige Pflegekraft ist dem Arzte die Einleitung mancher Behandlungsmethoden geradezu unmöglich. Nun müßte aber gerade auf dem Lande, wo der Arzt nicht wie in der Stadt täglich oder gar mehrmals am Tage erscheinen, die Pflege überwachen und neue Anordnungen treffen kann, die Pflege in den zuverlässigsten Händen liegen. Es wird aber niemand leugnen, daß die Güte der Krankenpflege im umgekehrten Verhältnis zu dem vorhandenen Bedürfnis steht. Der Arzt ist übrigens nach verschiedenen Richtungen hin nicht im stande, die Thätigkeit der Krankenpflegerin vollwertig zu ersetzen. Wenn er den größeren Zeitaufwand nicht zu scheuen hätte, so würde ihm doch das Geschick für manche Arbeiten, denen sich die Pflegerin gerade auf dem Lande unterziehen muß, abgehen, und überdies steht er der Bevölkerung keineswegs nahe genug, daß sein Rat ohne weiteres genügen würde, um einen Bruch mit den bisherigen Auffassungen und Gewohnheiten herbeizuführen. Da hilft überhaupt in den meisten Fällen kein Rat, sondern in der Regel muß gehandelt werden.

Die Hebung der Mängel auf dem Gebiete der Gesundheitspflege kann auch nicht erwartet werden von der Errichtung einer genügenden Anzahl gut eingerichteter Krankenhäuser, welche über den Bezirk gleichmäßig verteilt sind. So unentbehrlich sie sind, so verfehlt wäre es doch, darin allein schon eine allen Bedürfnissen genügende Abhilfe zu erblicken. Niemand wird es empfehlen wollen, im Vertrauen auf eine leistungsfähige Feuerwehr von allen Maßnahmen abzusehen, welche die Feuersgefahr vermindern, die die Bewältigung des entstandenen Zimmerbrandes durch die Hausbewohner selbst sichern, die Ausbreitung des Feuers auf Nachbargrundstücke verhüten. Gleiches gilt auf dem Gebiete der Krankenpflege. Es ist weder möglich noch auch nur wünschenswert, daß das Krankenhaus überall die Hauspflege ersetze. Wenn auch die leider vielfach vorhandene Abneigung gegen Hospitalpflege überwunden und thatsächlich erreicht wird, daß in allen für die Krankenhausbehandlung geeigneten Fällen diese zur rechten Zeit in Anspruch genommen wird, so bleibt doch immer, wie wir gleich sehen werden, ein großes Arbeitsfeld übrig, auf dem das Krankenhaus hier und da fördernd eingreifen kann, im übrigen aber andere Kräfte ihre Thätigkeit entfalten müssen[1].

---

[1] Als Beispiel dafür, daß das Vorhandensein von Krankenhäusern allein noch

keine befriedigende Zustände zu schaffen vermag, mag erwähnt werden, daß der südliche Teil des Herzogtums Oldenburg mit rein landwirtschaftlicher Bevölkerung bei einer verhältnismäßig großen Zahl von Krankenhäusern (je eines auf 7000 Einwohner) eine dreifach größere Anzahl von Typhuserkrankungen hat als der nördliche Teil mit einer zum erheblichen Teil industriellen Bevölkerung und vielfach ungünstigen Trinkwasserverhältnissen in den auf die Benutzung des Regenwassers angewiesenen Marschen bei einer weit geringeren Zahl, teilweise erst in jüngerer Zeit entstandener Krankenhäuser (je eines auf 20000 Einwohner). Die Erkrankungen betrugen in den Jahren 1896 bis 1898, während welcher die Krankheit nirgends epidemisch auftrat, bei nahezu gleichen Zahlenverhältnissen in den einzelnen Jahren im Durchschnitt jährlich im nördlichen Teile 1:3286 Einwohner, im südlichen Landesteile dagegen 1:1087 Einwohner, ein Ergebnis, das von ärztlicher Seite auf die „Lebensgewohnheiten" der Bevölkerung zurückgeführt wird. Der Mangel an Verständnis für die Forderungen der Hygiene rächt sich hier wie auf anderen Gebieten.

Die Aufgaben der Gemeindekrankenpflegerin.

Das Arbeitsgebiet, auf welchem die Gemeindekrankenpflegerin mit Erfolg thätig werden kann und deshalb auch nach Möglichkeit thätig werden sollte, ist ein weit größeres, als vielfach angenommen wird. Es bedarf einer kurzen Beschreibung desselben schon deshalb, um dem nicht seltenen Einwande begegnen zu können, daß eine Pflegerin ausreichende Beschäftigung nicht finden werde, wenn man nicht zur Bildung räumlich zu sehr ausgedehnter Bezirke schreiten wolle. Dieser Einwand wäre vielleicht berechtigt, wenn die Aufgabe der Pflegerin sich in der Hauptsache auf die Übernahme der vollen Pflege einzelner schwer erkrankter Personen beschränken würde. Gewiß würde einer Pflegerin, die sich im wesentlichen hierauf beschränkte, die Existenzberechtigung nicht abzusprechen sein. Denn es fehlt auf dem Lande in der Regel an allem, was die Thätigkeit des Arztes unterstützt, und wie von ärztlicher Seite mehr und mehr eingeräumt wird, zum mindesten in gleichem Maße wie die ärztliche Behandlung die Wiederherstellung der Gesundheit beeinflußt, an der richtigen Lagerung des Kranken, an Reinlichkeit und Lüftung, Regelung der Zimmerwärme, Bereitung und Verabreichung geeigneter Kost und an der kunstgerechten Ausführung besonderer ärztlicher Anordnungen.

In Wirklichkeit darf die Gemeindepflegerin sich aber nur ausnahmsweise auf die Pflege eines einzigen Kranken beschränken und nicht etwa, gleich einer Privatpflegerin, die Hilfeleistung einem zweiten Kranken verweigern, weil der erste ihre Kräfte voll in Anspruch nimmt. Wenn auch diese Pflege Schwerkranker, weil das dringendste, ihre nächste und vornehmste Pflicht bleibt, so tritt sie doch gegen die übrige Thätigkeit weit zurück. Die Pflegerin soll nicht nur in den zahlreichen Fällen leichterer Art mit Rat und That zur Hand gehen und sorgen, daß ohne Verzug ärztliche Hilfe zugezogen wird, sobald mit der Möglichkeit einer bedenklichen Wendung gerechnet werden muß: nicht minder wichtig als das Pflegen ist das Vorbeugen. Wo sind denn jetzt auf dem Lande geeignete Kräfte, welche eine Desinfektion nach den vom Arzte erteilten Weisungen auch nur einigermaßen wirksam auszuführen vermögen? Wer sorgt dafür, daß der Schwindsüchtige, dessen Leiden Aussicht auf Besserung nicht mehr bietet, nicht für seine Umgebung eine ständige Ansteckungsquelle bilde, wenn, wie gewöhnlich, ärztliche Hilfe weil nutzlos nicht in Anspruch genommen wird. Die Pflegerin soll also die Grundsätze der Gesundheitslehre der Landbevölkerung übermitteln, freilich nicht durch Vorträge, für welche alle Ohren taub sein würden, sondern durch praktische Bethätigung dieser Grundsätze und dann etwa gelegentliche Anweisung zu gleicher Thätigkeit.

Doch auch damit würde ihre Aufgabe nicht erschöpft sein. Wer vermag denn auf dem Lande in Unglücksfällen die erste Hilfe zu leisten, bis der Arzt zur Stelle ist, oder den Transport sachgemäß zu leiten, wenn die Verbringung ins Krankenhaus bringlich? In wessen Hand ist eine Niederlage der gebräuchlichsten Hilfsmittel für die Krankenpflege, gebräuchlich in der Stadt und im Krankenhause aber nicht auf dem Lande, wirklich gut aufgehoben, sodaß von den Geräten der richtige Gebrauch gemacht wird, und Sicherheit geboten ist, daß nicht mangelhaft gereinigte Gegenstände zu Überträgern von Krankheiten werden? Von woher kommt der Wöchnerin Hilfe, daß sie nicht, die Gefahr schwerer Leiden und dauernden Siechtums nicht achtend, schon am ersten oder zweiten Tage die bringenden Geschäfte im Hausstande zu besorgen versucht, weil niemand sie vertritt? Welcher Gewinn wäre es nicht, wenn wenigstens während derjenigen Wochen, während welcher alle verfügbaren Arbeitskräfte auf dem Lande in Anspruch genommen werden müssen, eine Pflegerin die kleinen Kinder unter ihre Obhut nehmen könnte, damit die zahlreichen Unglücksfälle vermieden werden, welche den ohne genügende Aufsicht zu Hause zurückgelassenen oder mit aufs Feld hinausgenommenen Kindern zustoßen?

Überall wo leibliche oder geistige Not sich zeigen, da ist Arbeit für die Gemeindepflegerin, sei es daß sie selbst Linderung bringt oder solche vermittelt. Wenn sie so ihre Aufgabe auffaßt und derselben gewachsen ist, dann wird sie auch in einem kleinen Bezirke ein reiches Arbeitsfeld sich schaffen. Letzteres ist vielmehr so groß, daß nur eine genügend ausgebildete Kraft, welche sich berufsmäßig diesen Aufgaben unterzieht, mit durchgreifendem Erfolge wirken kann. Die Hilfe nicht geschulter Personen, welche gelegentlich thätig werden, soweit andere Verpflichtungen sie nicht hindern, muß notwendig unzureichend bleiben, denn wenn nicht die Krankenpflege die Lebensaufgabe bildet, hinter welche die sonstige Thätigkeit zurücktritt, so würde die Hilfe gerade da oft fehlen, wo man ihrer am dringendsten bedarf.

Die Forderung der Berufsmäßigkeit ist andererseits nicht dahin zu verstehen, daß die Pflegerin ausschließlich dieser Thätigkeit sich widme. Wo das Bedürfnis noch nicht so sehr hervortritt, empfiehlt es sich vielmehr dringend, sich nach solchen Pflegekräften umzusehen, welche diese Aufgabe neben einer anderen Berufsthätigkeit zu erfüllen vermögen. Die Ermäßigung der Kosten und die Gefahr, welche der Mangel genügender Beschäftigung immerhin bietet, sprechen in gleichem Maße dafür.

Ferner soll diese berufsmäßige Ausübung der Krankenpflege gewiß nicht die Pflege durch die Familienangehörigen, wo sie möglich ist, verdrängen, sondern sie nur ergänzen und zweckentsprechender gestalten, sodaß die Anordnungen des Arztes richtig befolgt, die erforderlichen Beobachtungen sorgfältig ausgeführt werden, überhaupt die Pflege sachgemäß ausgeübt wird. Die Pflegerin darf auch nicht die freie Liebesthätigkeit anderer Kräfte lahm legen, sondern muß dieselbe im Gegenteil anregen und nutz=

bringender ausgestalten, indem sie bald eine persönliche Hilfeleistung bald eine materielle Unterstützung in Anspruch nimmt und gewiß nicht erfolglos bitten wird, wenn sie nur zeigen kann, wie viel Gutes durch diese Zuwendungen geschaffen wird. Sie sei die rechte Hand des für ihren Bezirk zu bildenden Frauenvereins, welchen Namen derselbe auch immer tragen, ob er auf konfessioneller oder rein humanitärer Grundlage errichtet sein möge, dem sie stets neue Anregung zu Werken der Nächstenliebe gebe und an dem sie Rückhalt und Stütze bei ihrer wenn auch lohnenden so doch nicht immer leichten Thätigkeit habe.

Es kann schwer sein, in einer Gemeinde zunächst Stimmung zu machen für die Einführung der Gemeindepflege. Wo sie sich aber einmal eingelebt hat, da hat die Erhaltung derselben noch nie Schwierigkeit bereitet, und andere haben aus den Erfolgen Anregung zu gleichem Vorgehen gewonnen.

Diese belebende Kraft, welche von der Einrichtung ausgeht, ist an keiner Stelle stärker empfunden als bei der Leitung des Vaterländischen Frauenvereins. Seit dem Jahre 1897 hat dieselbe sich die Hebung der ländlichen Krankenpflege ganz besonders zur Aufgabe gesetzt und durch planmäßiges Vorgehen bereits beachtenswerte Erfolge erreicht. Die Verhandlungen der Delegiertentage von 1897 und 1898 haben zunächst außer den oben bereits erwähnten Rundschreiben des Reichsversicherungsamts vom 29. Mai 1897[1] und des preußischen Ministers der öffentlichen Arbeiten eine vom preußischen Minister des Innern ausgehende Verfügung gezeitigt, durch welche die Landräte auf die Bestrebungen des Frauenvereins hingewiesen werden. Die Verbandsvorstände in mehreren Provinzen haben ihren Zweigvereinen einmalige oder laufende Beihilfen (z. B. in Hannover 60 Mk. für jede Gemeindeschwester) in Aussicht gestellt, um sie zur Errichtung von Pflegestationen zu veranlassen. Dann sind insbesondere in Schlesien und Westfalen eine Reihe von Kreisvereinen reorganisiert oder neu gebildet, welche überraschend schnell eine große Mitgliederzahl erworben haben und dadurch zur Anstellung von Krankenpflegerinnen befähigt wurden. So die Vereine Schweidnitz-Land mit 7 Krankenschwestern, welche Zahl sich in nächster Zeit verdoppeln wird, Bunzlau mit 7, Neumarkt mit 8, Ohlau mit 12 und Breslau-Land mit 14 Schwestern, überall entsprechend der Konfession den evangelischen und katholischen Krankenpflegegenossenschaften entnommen. In Ostpreußen ist mit gutem Erfolge die Bekämpfung der Granulose durch Anstellung von Gemeindeschwestern in den ärmsten Kreisen, welche von dieser ansteckenden und vererblichen Augenkrankheit hauptsächlich heimgesucht wurden, in Angriff genommen. Von 1895—1898 hat sich die Zahl der Vereine, welche Gemeindepflegen eingerichtet hatten, von 223 auf 296, der Aufwand für diese Zwecke von 137 204 auf 206 088 Mk., die Zahl der Krankenschwestern von 889 auf 1150[2] erhöht. Freilich liegt der Schwerpunkt der Thätigkeit der Frauenvereine immer noch ganz überwiegend in den Städten, und auf das platte Land entfällt nur ein bescheidener Bruchteil.

---

[1] Zu vergl. S. 45.
[2] Darunter befinden sich 613 Schwestern vom Roten Kreuz, 451 Diakonissen, 37 katholische Ordensschwestern und 49 Pflegerinnen ohne Mutterhaus.

Die Gewinnung des erforderlichen Pflegepersonals.

Jene vielseitige Thätigkeit, welche der Gemeindepflegerin wartet, stellt unverkennbar hohe Ansprüche an ihr Können und ihre ganze Persönlichkeit. Sie soll führend über der großen Masse der ländlichen Bevölkerung stehen, muß dieselbe also nicht allein durch ihr theoretisches Wissen und praktisches Können auf dem Gebiete der Krankenpflege sondern thunlichst durch ihren Bildungsstand überragen. Und so entsteht denn die große Frage: Woher so leistungsfähige Pflegekräfte in einer dem Bedürfnis auch nur annähernd entsprechenden Zahl, und woher andererseits die Mittel, um ein solchen Anforderungen einigermaßen gleichwertiges Entgelt gewähren zu können? Wenn sich aber zeigt, daß es nicht möglich ist, überall Vollwertiges zu schaffen, so ist die weitere Frage aufzuwerfen: wie bei geringeren Anforderungen an Personen und Mitteln ein immerhin großer Fortschritt gegenüber dem augenblicklichen Zustande erreicht werden kann.

Treten wir an die Beantwortung dieser Fragen, so wird sich der Blick notwendig zunächst auf die kirchlichen Krankenpflegegenossenschaften richten, bei deren Mitgliedern hohe Leistungsfähigkeit mit größter Opferwilligkeit gepaart sich findet. Was die letzten Jahrzehnte auch an verheißungsvollen Anfängen auf dem Gebiete der Ausbildung von Krankenpflegerinnen gebracht haben, das Schwergewicht liegt auch heute noch immer bei den konfessionellen Genossenschaften, deren werbende Kraft durch jene Konkurrenz, wenn man sie so nennen darf, nicht geschwächt sondern eher gesteigert ist.

Die Zahl der dem Kaiserswerther Verbande angehörenden Diakonissenmutterhäuser im Deutschen Reiche ist von 1894—1898 von 45 auf 52, die Zahl ihrer Schwestern von 8075 auf 10589 (darunter 6403 Diakonissen und 4186 Probeschwestern[1]) und die Zahl der Arbeitsfelder von

---

[1] Mit Einschluß der außerhalb des Deutschen Reiches befindlichen Mutterhäuser ergeben sich folgende Zahlen:

	Mutterhäuser	Schwestern	Arbeitsfelder	Jahreseinnahme
1864	30	1592	368	813000 ℳ
1868	40	2106	526	1258000 „
1872	48	2657	648	2104000 „
1875	50	3239	866	3616000 „
1878	51	3901	1093	4110000 „
1881	53	4748	1436	4824000 „

Die Kranken- und Hauspflege auf dem Lande.

2968 auf 3914 gestiegen. Es ergiebt sich also ein jährlicher Zuwachs von 600 Pflegerinnen, während noch anfangs der achtziger Jahre nur durchschnittlich 240 Diakonissen jährlich ausgebildet wurden. Trotz der großen Zahl der Arbeitsfelder, auf denen die Zahl der Arbeitskräfte nicht dem Umfange der Arbeit entspricht, hat die Vermehrung der Arbeitsstellen mit der der Diakonissen nahezu gleichen Schritt gehalten, sodaß 1898 wie 1894 durchschnittlich 2,7 Pflegekräfte auf jede Stelle entfielen. Wenn das auch auf eine vermehrte Thätigkeit auf kleinen Stationen, also auch auf dem Gebiete der Gemeindepflege hindeutet, so entfällt auf das Land immer erst ein sehr bescheidener Bruchteil. Sind doch von den 1005 Kaiserswerther Schwestern zwar 146 in der Gemeindepflege, aber nur 25 in Landgemeinden thätig, davon ein Teil noch in Gemeinden mit fast ausschließlich industrieller Bevölkerung und städtischem Gepräge, die für unsere Erörterung kaum in Betracht kommen. Andere Mutterhäuser bilden freilich mehr Gemeindeschwestern aus, das Diakonissenhaus in Schwäb.-Hall sogar ausschließlich Gemeindediakonissen für die Kranken- und Armenpflege. Allein die weitaus meisten Pflegekräfte werden überall von den Städten in Anspruch genommen, und nur langsam kann sich die Zahl der in der Krankenpflege auf dem Lande beschäftigten Diakonissen vermehren.

Über die katholischen Krankenpflegeorden sind seit Guttstadts Veröffentlichungen[1] umfassendere Zusammenstellungen nicht bekannt geworden. Es ist deshalb Anlaß genommen, neuere Zahlen zu ermitteln, welche geeignet sind, ein Bild von dem derzeitigen Stande zu gewinnen. Ausweislich der bei Anlage 1 angeführten Zusammenstellung beträgt die Zahl der Mitglieder bei den männlichen Genossenschaften mindestens 923, bei den weiblichen mehr als 19 000.

Danach steht allerdings außer Zweifel, daß im allgemeinen katholische Krankenschwestern wohl auch für die Gemeindepflege in verhältnismäßig großer Zahl zur Verfügung stehen würden. Diese Annahme erscheint um so mehr gerechtfertigt, als eine ganze Reihe von Genossenschaften mit zahlreichen Mitgliedern[2] sich vorzugsweise der ambulanten Krankenpflege

	Mutterhäuser	Schwestern	Arbeitsfelder	Jahreseinnahme
1884	54	5653	1742	5 608 000 ℳ
1888	57	7129	2263	6 379 000 „
1891	63	8478	2774	7 649 000 „
1894	68	10412	3641	8 941 000 „
1898	80	13309	4745	10 997 000 „
Zuwachs von 1894 bis 1898:	12	2897 27,8 %	1104 30,3 %	2 055 000 22,9 % „

Ein Vierteljahrhundert hat also zu einer Steigerung auf das Fünffache geführt, und die Zunahme ist stets größer geworden.

[1] Guttstadt, Krankenhauslexikon für Preußen. Berlin 1888. Es sind danach von 1876 bis 1885 die Mitglieder männlicher Krankenpflegegenossenschaften von 309 auf 383, die der weiblichen von 3409 auf 5470 gestiegen.

[2] So die „Töchter des Allerheiligsten Heilandes" in Oberbronn (Elsaß), in Südwest-Deutschland als Niederbronner Schwestern bekannt, mit 1664 Mitgliedern, die Franziskanerinnen aus dem Mutterhause zu Aachen, die „Armen Dienstmägde Christi" in Dernbach (Hessen-Nassau) mit 1950 Mitgliedern in 205 Niederlassungen,

widmen. Freilich zeigt die Übersicht, daß keineswegs alle Teile des Reiches mit überwiegend katholischer Bevölkerung in gleicher Weise der Dienste der Krankenschwestern teilhaftig werden, und es entzieht sich der Beurteilung, ob bei gesteigerter Nachfrage auch in den minder reichlich versorgten Bezirken alsbald eine größere Zahl von Schwestern zur Verfügung stehen würde.

Es würde indes ein Irrtum sein, wollte man davon ausgehen, daß die Gegenden mit überwiegend katholischer Bevölkerung, soweit es sich um das platte Land handelt, einen der Zahl der Schwestern entsprechenden Vorsprung auf dem Gebiete der Krankenpflege hätten. Vorzugsweise sind es auch hier die Städte, welche sich des Wirkens einer großen Zahl von Schwestern zu erfreuen haben. Wenn auch in der jüngsten Zeit die Zahl der Niederlassungen auf dem Lande außerordentlich stark zugenommen hat[1], so zeigt doch die Zusammenstellung, daß selbst in den am meisten begünstigten Gegenden die Zahl der Niederlassungen erst einen bescheidenen Bruchteil der Zahl der Pfarrgemeinden bildet.

Gegen diese kirchlichen Genossenschaften treten die sonstigen Organisationen, was die Zahl der Pflegekräfte angeht, weit zurück. Die bedeutendste unter ihnen, der **Verband deutscher Krankenpflegeanstalten vom Roten Kreuz**, dem 21 Anstalten angehören, zählte 1898 erst 889 Schwestern. Für die Gemeindekrankenpflege auf dem Lande wird man einstweilen um so weniger stark auf sie rechnen dürfen, als neben den Krankenhäusern der Frauenvereine zahlreiche andere Anstalten Rote-Kreuz-Schwestern begehren. Andererseits sind aber die engen Beziehungen zu den Vaterländischen Frauenvereinen, denen eine rege Förderung der Krankenpflege auf dem Lande zu verdanken ist, von Bedeutung, und vereinzelt[2] tritt die Gemeindepflege auch jetzt bereits mehr in den Vordergrund.

Während die übrigen Einrichtungen, unter denen die auf Veranlassung des Johanniterordens meist in Diakonissenanstalten ausgebildeten **Johanniterinnen** der Zahl nach (1897: 750) in erster Linie stehen, für die ländliche Krankenpflege bis auf weiteres nicht in Betracht kommen, verdient der durch Professor Zimmer 1894 in Herborn gegründete **Evangelische Diakonieverein**, der jetzt in Zehlendorf bei Berlin seinen Sitz hat, seiner bemerkenswerten Einrichtungen wie auch seiner rasch gewonnenen Ausdehnung wegen besondere Beachtung. Neben der Unterhaltung von Erziehungsanstalten (Töchterheime Luisenhaus und Comenius-

---

davon 126 auf dem Lande, die „Armen Franziskanerinnen" in Waldbreitbach (Kreis Neuwied) mit 624 Mitgliedern in 56 Niederlassungen, die „barmherzigen Schwestern des III. Ordens vom h. Franziskus" in Gengenbach (Baden) mit 545 Mitgliedern in 132 Niederlassungen für Hauskrankenpflege, die zur Hälfte in den letzten 10 Jahren gegründet wurden und zum größeren Teil in Landgemeinden sich befinden, die „Schwestern vom h. Kreuz" in Ingenohl (Schweiz) mit 339 Mitgliedern in 71 Niederlassungen in der „Provinz Baden-Hohenzollern", die „Grauen Schwestern von der h. Elisabeth" in Breslau mit 138 Niederlassungen und 1145 Mitgliedern.

[1] In der Diöcese Trier dienen 85 Niederlassungen fast ausschließlich der ländlichen Krankenpflege.

[2] So sind von 77 Olgaschwestern in Stuttgart 30 in der Bezirks- und Gemeindepflege thätig.

haus zu Kassel und Mädchenheim zu Dieringhausen, Rheinpr.) hat er sich die Ausbildung von Krankenpflegerinnen und die Zusammenfassung der letzteren in der „Vereinsschwesternschaft" zur Aufgabe gemacht. Obwohl auf konfessioneller Grundlage errichtet, unterscheidet er sich doch wesentlich von den kirchlichen Genossenschaften. In seinen mit 7 städtischen Krankenanstalten verbundenen „Diakonieseminaren" bildet er jetzt alljährlich reichlich 150 den gebildeten Ständen angehörende Personen im Alter von 20—35 Jahren in einjährigen Kursen unentgeltlich zu „Schwestern", in den einigen kleineren rheinischen Krankenhäusern (Waldbroel, Duisburg u. s. w.) angeschlossenen „Pflegerinnenschulen" Mädchen mit Volksschulbildung im Alter von 18—30 Jahren während einer sechsjährigen Lehrzeit unter Gewährung eines von 150 bis 200 Mk. steigenden Jahresgehalts und einer nach Vollendung der Ausbildung zahlbaren Prämie von 300 Mk. zu „Pflegerinnen" aus[1]. Schwestern wie Pflegerinnen haben keinerlei Verpflichtungen gegenüber dem Verein, können aber in die „Vereinsschwesternschaft" aufgenommen werden, wodurch ihnen Beschäftigung, Halt und materielle Sicherstellung[2] gewährleistet werden, ohne daß sie wider ihren Willen aus einer Stellung abberufen oder versetzt werden können. Die nächste Aufsicht wird in den 15 Bezirken von den Bezirksoberinnen geführt, welche thunlichst in jedem Vierteljahr die Vereinsschwestern besuchen. Der Diakonieverein, dem außer den Schwestern die „Prinzipale" (Gemeinden, Anstalten, Private u. s. w., welche Vereinsschwestern beschäftigen) angehören, wird durch den Direktor, den aus 7 Mitgliedern bestehenden Vorstand, den Centralausschuß, welchem die Bezirksoberinnen und eine gleiche Anzahl von Prinzipalen angehören, und die Hauptversammlung verwaltet. Für die auswärts thätigen Schwestern wird neben freier Station ein Bargehalt von 300—400 Mk. ausbedungen, wovon 10% an den Diakonieverein, der Rest an die Schwestern, denen übrigens die Annahme von Geschenken untersagt ist, gezahlt werden.

Der Verein, der in vier Jahren 423 Schwestern und Pflegerinnen gewonnen und seine Thätigkeit bereits über einen großen Teil des Deutschen Reiches, ja über dessen Grenzen hinaus ausgedehnt hat, will die Bewegungsfreiheit mit den Vorteilen eines festen Rückhalts an einer Genossenschaft verbinden, indem er auf ein direktes Verfügungsrecht über seine Schwestern, wie es das Mutterhaus der kirchlichen Genossenschaften in Anspruch nimmt, verzichtet, dafür aber das Recht sich vorbehält, durch Kündigung die Beziehungen zu lösen. Schwestern und Prinzipale haben daher nicht die

---

[1] Am 1. Dezember 1898 waren 130 Lernschwestern und 32 Pflegerinnen neben 248 Schwestern vorhanden. — Vom Herbst 1899 an will der Verein auch regelmäßig allgemeine Diakoniekurse für Jungfrauen und Frauen gebildeter Stände veranstalten. Die Dauer ist 5 Wochen, der Unterricht unentgeltlich. Für Wohnung und Verpflegung ist ein Teil der Selbstkosten zu erstatten. Der Unterricht soll sich über die Wohlfahrtspflege im allgemeinen, Gesundheitslehre, Krankenpflege und Krankenküche erstrecken.

[2] Nach der Aufnahme zunächst mindestens einjährige Beschäftigung als „Probeschwester", dann nach der Einsegnung Aufnahme als „Verbandsschwester" und damit Fürsorge für dauernde Anstellung; im Invaliditätsfalle Erhöhung der staatlichen Invalidenrente bis auf 400 Mk., wofür die Probeschwestern jährlich 50 Mk. einzuzahlen haben, welche beim Ausscheiden erstattet werden.

häufig so unbequem empfundene Abberufung zu befürchten. Die bisher erzielten ansehnlichen Erfolge lassen darauf schließen, daß diese Organisation in der That geeignet ist, eine Lücke auszufüllen und dem Beruf der Krankenpflegerinnen zahlreiche neue Kräfte zuzuführen, welche sich von der engeren Lebensgemeinschaft des Diakonissenhauses nicht angezogen fühlen. Es erscheint daher erwägenswert, ob nicht durch ähnliche Einrichtungen den etwa auszubildenden Pflegerinnen für das Land, von denen später die Rede sein wird, Stütze und Halt zu geben ist.

Speciell auf dem Gebiete der Gemeindepflege hat der Diakonieverein freilich bei seinem kurzen Bestehen noch keine große Thätigkeit entfalten können. Zimmer erachtet wohl mit Recht eine besondere Vorbereitung der bereits ausgebildeten Krankenpflegerinnen für erforderlich, die ihnen demnächst in dem im Bau befindlichen „Heimathause" zu Zehlendorf zu Teil werden soll. Zur Zeit sind 22 Schwestern in der Gemeindepflege thätig, davon 18 auf dem Lande, eine Zahl, die voraussichtlich nach Ablauf einiger Jahre rasch stark anwachsen wird.

Der Umstand, daß eine genügende Anzahl voll ausgebildeter Pflegekräfte, welche auf dem Lande eintreten könnten, nicht zur Verfügung stand, hat im Verein mit anderen Gründen an verschiedenen Stellen dazu geführt, daß man geeignete Personen auswählte, ihnen eine Ausbildung in der Krankenpflege zu Teil werden ließ und sie sodann in ihrer Heimat beschäftigte. Von den rein gewerbsmäßigen Krankenpflegerinnen, welche ohne Anschluß an eine Genossenschaft oder Vereinigung die Krankenpflege selbständig als Erwerbszweig betreiben, unterscheiden jene Landpflegerinnen sich dadurch, daß sie nicht aus eigener Initiative sondern infolge Anregung durch eine Gemeinde, einen Verein oder auch eine einzelne Person und auf deren Kosten die Ausbildung sich erwerben und dann nach deren Anweisung den Beruf ausüben. Geschieht die Auswahl dieser Personen mit der erforderlichen Umsicht, und unterliegen dieselben bei ihrer späteren Thätigkeit der wünschenswerten Überwachung, so hat man die ungünstigen Erfahrungen, welche mit selbständigen Pflegerinnen, den sog. wilden Schwestern, hin und wieder gemacht werden und nicht selten zu einem gewissen Mißtrauen Anlaß geben, wohl kaum zu befürchten.

Schließlich kann eine Besserung der Krankenpflege dadurch versucht werden, daß man einzelne Personen, welche ein natürliches Geschick für diese Thätigkeit zeigen und in der Lage sind, einen Teil ihrer Zeit im Dienste ihrer kranken Mitmenschen zu verwenden, auswählt und von der fortgesetzten Übung eine allmähliche Vervollkommnung in der Ausübung der Krankenpflege erwartet. Obwohl dies unverkennbar das wenigst zureichende Mittel ist, besteht doch vereinzelt eine Vorliebe für diese Einrichtung, von der wohl nicht völlig zutreffenden Auffassung ausgehend, daß der Leistung der Krankenpflege in dieser Form ein größerer Wert beizulegen sei, als wenn sie gegen Gewährung eines Entgelts ausgeübt werde.

Bestehende Organisationen für die ländliche Krankenpflege.

Bemerkenswerte Beispiele für die Verwendung von Krankenschwestern und Rote-Kreuz-Schwestern in der Gemeindepflege bieten die mehrerwähnte Organisation des Vaterländischen Frauenvereins für den Landkreis Königsberg (Ostpreußen) und die Bezirkskrankenpflege in einzelnen Teilen von Württemberg.

Im Landkreise Königsberg i. Pr. (rund 54000 Einwohner) sind in vier Krankenhäusern mit 48 Betten und in der Gemeindepflege 16 Diakonissen, planmäßig über den Kreis verteilt, thätig. Die Kosten werden hauptsächlich von der Gemeindekrankenversicherung des Kreises durch einen jährlichen Zuschuß von 6900 Mk. gedeckt. Die Inval.- und Altersversich.-Anstalt Ostpreußen und die ostpreuß. land- u. forstw. Berufsgenossenschaft tragen zusammen 600 Mk. bei. Die Kosten für jede Schwester, die zunächst auf 800 Mk.[1] veranschlagt waren, betragen für den Verein durchschnittlich nur 300—400 Mk., da Wohnung und Feuerung fast überall von der Gemeinde und der Mittagstisch vielfach in den Familien geliefert wird. Der Frauenverein selbst hat daher nur verhältnismäßig geringe Zuschüsse zu leisten. Der hohe Beitrag aus Mitteln der Krankenversicherung wird dadurch erklärlich, daß die Versicherungspflicht auf die landwirtschaftlichen Arbeiter ausgedehnt ist, und auch deren Angehörige Anspruch auf freie ärztliche Behandlung und Arznei haben. Er hat nicht eine Überlastung der Versicherung zur Folge gehabt, sondern im Gegenteil ist jetzt das Gleichgewicht zwischen Einnahmen und Ausgaben erreicht worden, während früher ein ständiges Deficit vorhanden war. Die Schwester hält täglich zunächst ihre Sprechstunde ab und macht sich dann zu Fuß oder mit dem von ihr selbst gelenkten Fuhrwerk auf den Weg, um die angemeldeten Kranken zu besuchen und sonst auf gut Glück Arme und Gedrückte, Kranke und Erkrankende aufzusuchen, Rat und Trost zu spenden, Kranke dem Arzt oder dem Krankenhause zuzuführen oder durch eine Meldung, welche den Befund des Kranken mit Namen, Wohnort, Temperatur und

---

[1] Gehalt an das Mutterhaus 230 Mk., Mittagstisch 360 Mk., Wohnung 60 Mk., Heizung 60 Mk., für Frühstück und Abendbrot 48 Mk., Medikamente und Verbandzeug 42 Mk.

ihre vorläufigen Anordnungen angiebt, den Arzt herbeizuholen. Hält der letztere nicht Krankenhausbehandlung für geboten, so benachrichtigt er die Schwester von seinen Anordnungen, und diese sucht den Kranken nunmehr täglich auf. 1896 sind neben 5913 Pflegetagen in den Krankenhäusern über 25000 Hilfeleistungen vorgekommen, ein schlagender Beweis, daß die Bevölkerung sich sehr bald an die gebotene Gelegenheit gewöhnt und die Hilfe gern in Anspruch nimmt. Der Frauenverein, der die Einrichtung unternommen, verfügt nur über eine Jahreseinnahme von 1500 Mk., von welcher selbstverständlich nur ein Bruchteil für diesen Zweig seiner Thätigkeit verfügbar ist.

In Württemberg[1] organisierte der Oberamtmann Filser 1875 in Heidenheim und 1895 in Balingen „Vereine zur Anstellung von Krankenpflegerinnen", welche sich die Versorgung der beiden Oberamtsbezirke mit Pflegerinnen zur Aufgabe machten und im wesentlichen gleich eingerichtet sind. Als Mitglieder haben Privatpersonen 2 oder 3 Mk., Dürftige nach dem Ermessen des Vorstandes weniger, Mitglieder angeschlossener Krankenkassen 0,50—1,00 Mk., Gemeinden und Krankenkassen je nach Zahl der Einwohner und Mitglieder 25—50 Mk. zu zahlen[2]. Für die Dienste der Pflegerinnen wird eine Vergütung berechnet (Balingen) oder doch deren Zahlung erwartet (Heidenheim), welche in drei Klassen mit 10—25 Pf. für eine Pflegestunde, 0,50—1,50 Mk. für die Nacht, 0,30—1,00 Mk. für den Tag, 0,60—2,00 Mk. für Tag und Nacht, für Nichtmitglieder, welche indes erst in zweiter Linie berücksichtigt werden, doppelt so hoch bemessen sind. Mitglieder angeschlossener Krankenkassen sind frei. Wohlhabende müssen daneben 0,80—1,00 Mk. für die Beköstigung zahlen, wenn sie dieselbe nicht den Schwestern gewähren. Die Schwestern dürfen keine Geschenke annehmen. Die Leitung liegt in der Hand des „gemeinschaftlichen Oberamtes" (Oberamtmann und evangelischer oder katholischer Dekan) und unter diesem bezüglich der einzelnen Station in der des „gemeinschaftlichen Amts" (Ortsvorsteher und Pfarrer). Daneben bestehen ein engerer und weiterer Ausschuß und die Vereinsversammlung. In Heidenheim (20176 Einwohner) ist eine größere Centralisation[3] vorgesehen, während in Balingen (18531 Einwohner) 8 Stationen (12 Olgaschwestern und 5 barmherzige Schwestern) eingerichtet und drei weitere mit je zwei Schwestern zu besetzende Stationen geplant sind.

Bezirkskrankenpflegen sind ferner in Ludwigsburg (drei Stationen mit sieben Olgaschwestern), Kirchheim (drei Stationen) und Nürtingen (außer

---

[1] Die Centralleitung des Wohlthätigkeitsvereins übt auf dem Gebiete der ländlichen Krankenpflege eine segensreiche Thätigkeit aus, indem sie Anregung giebt und dürftigen Gemeinden Gründungs- und Jahresbeiträge gewährt mit dem Erfolge, daß 1898 221 Krankenpflegestationen teils mit Diakonissen, barmherzigen Schwestern und Olgaschwestern (Rotes Kreuz), teils mit Pflegerinnen, die keinem Verbande angehören, besetzt waren.

[2] Gemeinden, in deren Bezirk eine Schwester stationiert ist, haben den doppelten Beitrag zu zahlen und außerdem der Schwester freie Wohnung zu gewähren.

[3] Von den 10 Gemeindeschwestern aus dem Olgahause wohnen 9 in einem vom Verein eingerichteten Schwesternheim und gehen von da ins Land, und nur eine in einer Landgemeinde, außerdem 5 Schwestern in zwei Krankenhäusern.

dem Krankenhaus mit zwei Schwestern eine Station mit einer Schwester) eingerichtet[1].

Den beiden eben besprochenen Einrichtungen sind im nachfolgenden diejenigen Organisationen gegenüberzustellen, welche sich mit einem minder vollständig ausgebildeten Pflegepersonal begnügen, das neben der Krankenpflege auch noch eine andere Berufsthätigkeit in mehr oder minder großem Umfange ausübt.

Die großen Erfolge, welche der Badische Frauenverein erzielte, der als erster im Jahre 1885 die Krankenpflege auf dem Lande zu organisieren begann und jetzt 79 Pflegerinnen dort beschäftigt, sowie die Art der Ausbildung und die näheren Umstände, unter denen jene Pflegerinnen arbeiten, sind von anderer Seite geschildert. Hier sind daher nur einige ähnliche Einrichtungen zu besprechen, welche allerdings an Bedeutung weit zurücktreten.

Der Zeit nach schließen sich an Bestrebungen in der Provinz Hannover, wo der Pastor Lühmann zu Sittensen in seiner Gemeinde unter Benutzung einer ihm dafür überwiesenen Summe von 1500 Mk. eine Krankenpflege eingerichtet hatte. In einem Vortrage, der 1889 in der Hannoverschen Pastoralkorrespondenz erschien[2], betonte Lühmann unter Widerlegung aller dagegen zu erhebenden Einwendungen die Notwendigkeit einer Verbesserung der Krankenpflege durch Anstellung von ausgebildeten berufsmäßigen Pflegerinnen und empfahl für größere Orte (2000 Einwohner und mehr) Diakonissen, für kleinere Orte die Ausbildung einer mit Umsicht aus der Mitte der Gemeinde zu wählenden Person, am besten einer jüngeren Witwe, in einem Krankenhause während einer 6 oder besser noch 12 Monate

---

[1] Begünstigt wird die Ausbreitung der Krankenpflege in Württemberg zweifellos durch die Landesgesetzgebung, welche die zum Teil für einzelne Gemeinden, überwiegend aber für die Oberamtsbezirke organisierten „Krankenpflegeversicherungen" einführte, denen 1895 rund 128000 Versicherte angehörten. Infolgedessen sind rund 18% der Bevölkerung gegen Krankheit versichert gegenüber durchschnittlich rund 12% im Deutschen Reich. — Nach den Gesetzen vom 16. Dezember 1886 und 12. Mai 1893 tritt für die Dienstboten und für die in den Land- und Forstwirtschaft gegen Lohn oder Gehalt an Geld oder Naturalbezügen beschäftigten Personen, soweit sie gesetzlich oder statutarisch dem reichsgesetzlichen Krankenversicherungszwang unterworfen sind, die Krankenpflegeversicherung kraft Gesetzes ein. Unternehmer land- und forstwirtschaftlicher Betriebe können freiwillig beitreten. Den Angehörigen derselben kann durch Statut ein Beitrittsrecht eingeräumt werden. Es werden während höchstens 13 Wochen für ärztliche Behandlung, Arznei, kleine Heilmittel und im Falle der Erwerbsunfähigkeit freie Verpflegung, diese in der Regel in einem Krankenhause, gewährt. Kranke, welche in ihrer Familie leben, können nur dann ins Krankenhaus verwiesen werden, wenn den Anforderungen an die Behandlung und Verpflegung in der Familie nicht genügt werden kann. Als Krankenhaus gelten auch die in den Gemeinden eingerichteten Krankenstuben. Unter gewissen Voraussetzungen kann bei Familienpflege ein Verpflegungsgeld gezahlt werden, welches dem durchschnittlichen Mehrbetrage der Kosten der freien Kur und Verpflegung im Krankenhause entspricht. Träger der Krankenpflegeversicherung ist die dem preußischen Kreisverbande entsprechende Amtskorporation, soweit nicht einzelnen Gemeinden eine selbständige Organisaton der Versicherung zugestanden ist. Die Beiträge werden von den Arbeitgebern eingezogen, welche den Versicherten zwei Drittel auf den Arbeitsverdienst kürzen dürfen.

[2] Auch als Separatabdruck unter dem Titel: „Die Organisation der Krankenpflege auf dem Lande", Hannover 1889, erschienen.

dauernden Lehrzeit. Organisationen, welche sich über größere Bezirke erstrecken, hält er für ungeeignet, will vielmehr die Einrichtung für jede einzelne Pfarrgemeinde unter Leitung des Kirchenvorstandes (nicht allein des Pfarrers) treffen. Außer den 200—300 Mk. für die Ausbildung hält er für Gemeinden von 1000 Einwohnern die Bereitstellung von jährlich 150 Mk. für ausreichend, indem er erfahrungsmäßig etwa 90 volle Pflegetage für den Jahresdurchschnitt annimmt, die er mit je 1,50 Mk. der Pflegerin durch das zu gewährende feste Jahresgehalt vergütet haben will. Die von den Wohlhabenden zu erwartenden Beiträge für die ihnen gewährte Hilfe gelangen jedenfalls nicht an die Pflegerin, sondern an den Kirchenvorstand, der damit etwa ein Drittel des Gehalts wird decken können. Die Pflegerin soll im übrigen ihre frühere Berufsthätigkeit fortsetzen, sofern ihr nicht die Leitung einer Kinderbewahranstalt, des Handarbeitsunterrichts, von Frauen- und Jungfrauenvereinen u. s. w. überwiesen werden kann. Lühmann wünscht die Ausbildung in dem Diakonissenmutterhause Henriettenstift zu Hannover, einen dauernden Anschluß der Pflegerinnen an dasselbe durch Teilnahme an Konferenzen und Festen und gelegentliche Wiederholungskurse während einiger Sommerwochen, in denen sie leicht abkömmlich sein würden.

Der Leiter des Henriettenstifts, Pastor Dr. Büttner, schloß sich diesen Ausführungen in allen wesentlichen Teilen an, betonte die dringende Notwendigkeit einer berufsmäßigen Krankenpflege für das Land, die Bereitwilligkeit des Henriettenstifts zu helfen, aber gleichzeitig die Unmöglichkeit, daß dies in absehbarer Zeit durch Abgabe von Diakonissen geschehen könne. Jungfrauen, noch lieber Witwen von 36—50 Jahren sollen vom Henriettenstift und einigen durch dessen Schwestern verwalteten Krankenhäusern während eines in der Regel 6 Monate dauernden Zeitraums ausgebildet werden gegen eine Vergütung von 150—180 Mk. hauptsächlich in der Pflege innerlich Kranker und Siecher, vielleicht auch in der Haltung von Warteschulen, in der Wöchnerinnenpflege und in der Erteilung des Hausarbeitsunterrichts. Die Leitung der Einrichtung soll in der Hand der Kirchenvorstände oder der Synodalausschüsse, die Überwachung der Pflegerinnen bei diesen und andererseits bei den ärztlichen Behörden liegen. Die Pflegerinnen bilden einen Verband unter Leitung des Henriettenstifts. Die Verbindung wird durch Quartalsrundschreiben und Quartalsberichte, eine jährliche Konferenz und gelegentliche Besuche aufrecht erhalten. Der Pflegerin ist eine Niederlage von Gerätschaften zur Krankenpflege und von Wäsche, Betten u. s. w. zu überweisen. Die Fürsorge für den Fall der Invalidität ist geboten.

Auf dieser Grundlage sind im Henriettenstift etwa 30 Dorfpflegerinnen, darunter auch verheiratete Frauen, gegen eine Vergütung von täglich 1 Mk. für Rechnung von Gemeinden ausgebildet, zum Teil auch durch Überweisung an tüchtige in der Gemeindepflege thätige Schwestern. Die Pflegerinnen können jährlich zu einer Konferenz und im Kriegsfalle zu Hilfeleistung einberufen werden. Im übrigen scheint die geplante Organisation nicht völlig durchgeführt zu sein, was die Entwicklung vielleicht beeinträchtigt hat. Pastor Büttner faßt jetzt sein Urteil dahin zusammen, daß dies bei der

Unmöglichkeit, überall hin voll ausgebildete Diakonissen zu entsenden, ein wenn auch vorläufiger, so doch gangbarer und zum Ziele führender Ausweg sei[1].

Vereinzelt sind in der Folge auch anderwärts in ähnlicher Weise Krankenpflegerinnen ausgebildet worden. Ferner mag erwähnt werden, daß der Vaterländische Frauenverein in Kassel vor Jahren seinen Zweigvereinen

---

[1] Pastor Apel-Odagsen spricht sich in einem Aufsatze: „Die ländliche Wohlfahrtspflege auf den Hannoverschen Bezirkssynoden" — Das Land, Jahrg. 7 No. 4 vom 15. Nov. 1898 — über die Gemeindepflege und insbesondere die Dorfpflegerinnen in folgender Weise aus: „Auf den engen Zusammenhang zwischen der Armen- und Krankenpflege weist schon die oben angeführte Bekanntmachung des Landeskonsistoriums vom 24. September 1892. Sind es doch gerade die ärmeren Familien, in denen es mit der Krankenpflege am schlechtesten steht und die einer geordneten Pflege am meisten bedürfen. Leider aber sind die Erfolge, die jene Bekanntmachung nach dieser Richtung hin gehabt hat, bis jetzt noch gering. Wohl regt es sich auf vielen Synoden, und immer wieder wird die Notwendigkeit und der Segen der Gemeindepflege betont, aber greifbare Resultate sind nur an wenigen Stellen aufzuweisen. Eine Anzahl von kleinen Landstädten, meist Superintendenturorten, hat infolge jener Bekanntmachung oder auch schon vorher eine Diakonissenstation, meist verbunden mit einem Krankenhaus eingerichtet, einige größere Landgemeinden sind mit der Anstellung einer Diakonissin, Rotekreuzschwester oder auch einer aus der Gemeinde selbst gewählten, im Henriettenstift oder sonst einem Krankenhaus ein halbes Jahr lang ausgebildeten geeigneten Person nachgefolgt. An anderen Orten (Herzberg, Fallersleben) üben Frauenvereine die Krankenpflege, Sieverhausen hat einen männlichen Krankenpfleger zumal in Rücksicht auf die weiten Wege in der Gemeinde vorgezogen. Die Synode Hoya, bezw. der Synodalausschuß, hat sich die in § 56 der Kirchenvorstands- und Synodalordnung vorgesehene Erweiterung ihres Wirkungskreises von der Kirchenregierung gewähren lassen und die Pflegerinnenfrage selbständig für den Synodalbezirk in die Hand genommen. Die Mittel sind durch Kollekten, Zuschüsse aus den Kirchenkassen u. s. w. aufgebracht und eine aus dem Bezirk stammende Krankenpflegerin ist bereits ausgebildet und wirkt nach dem Synodalbericht in Segen; die Ausbildung und Anstellung weiterer Pflegerinnen ist vorgesehen. In Neustadt hat der Kreisausschuß zu gleichem Vorgehen auf eine Reihe von Jahren jährlich 300 Mk. ausgesetzt. In Neuhaus a. O. ist ein Fonds für den gleichen Zweck gesammelt und an mehreren Orten sind die Geräte für die Krankenpflege vorhanden, was auch auf der Synode Bockenem empfohlen wird. In Zeven verleiht der Verein für Innere Mission solche unentgeltlich. Was in vielen Synodalbezirken und Gemeinden die Angelegenheit noch nicht zu einem Resultate kommen läßt, ist ein Dreifaches: Erstens die Geldfrage; für eine Gemeinde sind die jährlich aufzubringenden Kosten, Wohnung und Verpflegung für die Gemeindeschwester, Gehalt bezw. Abgabe an das Mutterhaus, reichlich hoch. Zweitens bietet in sehr vielen Fällen eine einzige Gemeinde der Gemeindeschwester nicht Arbeit genug; von einem Zusammenlegen zweier Gemeinden zu einem Pflegebezirk aber fürchtet man Eifersüchteleien zwischen den Gemeinden und wirkliche Schwierigkeiten in Ernstfällen. Das Ideal ist auch zweifellos die Zugehörigkeit einer Schwester zu einer Gemeinde. Drittens aber ist die Frage, ob eine voll ausgebildete Diakonissin oder eine ein halb Jahr lang eigens zu dem Zweck ausgebildete geeignete Person aus der Gemeinde vorzuziehen sei, noch nicht ausreichend beantwortet. Erstere ist leistungsfähiger, hat größere Autorität und Rückhalt am Mutterhaus, letztere ist in der Gemeinde besser bekannt und vor allem billiger zu haben, verfällt aber namentlich bei nicht ausreichender Thätigkeit in ihrem Pflegerinnenberuf leicht in die Gefahr des Verbauerns. Die übrigens erst kurzen Erfahrungen in größeren Landgemeinden, wo die Gemeindeschwester immer hinreichend zu thun hat, beweisen nichts hiergegen. Was aber diesen dritten Punkt noch schwieriger macht, ist der Mangel sowohl an Diakonissinnen als auch an „geeigneten Personen innerhalb der Gemeinden".

die Ausbildung von „Helferinnen" in der Armen- und Krankenpflege in Sechsmonatskursen gegen eine Tagesvergütung von 1 Mk. anbot, wovon allerdings für ländliche Bezirke kein Gebrauch gemacht ist.

Über ein planmäßiges Vorgehen des erst vor vier Jahren gegründeten **Vaterländischen Frauenvereins im Kreise Siegen**, Westfalen, berichteten in der Delegiertenversammlung des Vaterländischen Frauenvereins zu Berlin am 30. März 1897 der Kreisphysikus Sanitätsrat Dr. Hensgen[1] und am 27. November 1897 in der Delegiertenversammlung des Vaterländischen Frauenvereins Westfalen zu Münster, der Landrat Schepp[2]. Das große Bedürfnis nach geübten Krankenpflegerinnen auf dem Lande hat den Kreisverein, der in den Gemeinden Ortsvorstände hat, bei der Unmöglichkeit, Diakonissen- oder Krankenschwesterstationen zu errichten, dazu geführt, von seinen Ortsvorständen mit Hilfe der Geistlichen ausgewählte Frauen und Mädchen beider Konfessionen im Krankenhause zu Siegen und im Augustahospital in Berlin, in Kursen von zusammen sechsmonatiger Dauer mit einem Aufwande von 90 und 150 Mk. als Pflegerinnen ausbilden zu lassen und sodann in der Heimatgemeinde gegen ein Jahresgehalt von 300 Mk. anzustellen. Die Pflegerin hat eine besondere Tracht — weißes Häubchen, Siamosekleid, Brosche mit rotem Kreuz im weißen Felde — zu tragen. Sie verpflichtet sich zu fünfjähriger Dienstleistung, steht zunächst unter dem Ortsvorstande des Frauenvereins und dem Vertrauensarzte desselben und außerdem unter der Kontrolle des Kreisphysikus, der sie örtlich revidiert. Einmal jährlich findet ein Wiederholungskursus unter der Leitung des Kreisphysikus und des Krankenhausarztes statt. Ein Leitfaden zur Auffrischung des Gelernten soll noch beschafft werden. Die Pflegerinnen verwalten die „Krankenpflegehilfsstationen", mit einem Aufwand von durchschnittlich 100 Mk. errichtete Niederlagen von Badewannen, Luft- und Wasserkissen, Eisbeuteln, Verbandsmaterial u. s. w., welche Sachen an Wohlhabende gegen eine geringe Vergütung, im übrigen unentgeltlich verliehen oder abgegeben werden[3]. Aus dem Anstellungsvertrage ist hervorzuheben, daß die Pflegerin sich verpflichtet, nicht nur die ihr zugewiesenen Kranken zu pflegen, sondern auch, soweit erforderlich, im Haushalt Hilfe zu leisten, daß sie höchstens jede dritte Nacht zu wachen hat, daß sie keine Geschenke annehmen darf, die Gaben der Wohlhabenden vielmehr vom Ortsvorstande entgegengenommen werden, und daß sie bei vorzeitiger Einstellung ihrer

---

[1] Bericht über die 31. Generalversammlung des Vaterländ. Frauenvereins S. 10.
[2] Abgedruckt in Schepp, Ländliche Wohlfahrtseinrichtungen, Freiburg i. B. 1898.
[3] Derartige Niederlagen, schon im Anfange dieses Jahrhunderts in der Schweiz eingerichtet, sind von dem Landmann Jacobsen in Norderbarup (Schleswig-Holstein) zunächst in seiner näheren Heimat, Angeln, dann auch in anderen Gegenden an etwa 40 Orten auf eigene Kosten unter dem Namen „Margarethenspende" gestiftet und durch einen im Jahrgang 1896 der „Gartenlaube" erschienenen Aufsatz des Landesversicherungsrats Hansen in weiteren Kreisen bekannt geworden. In der von Jacobsen gewählten Zusammensetzung erfordern sie eine einmalige Ausgabe von 190 Mk. und jährlich zur Unterhaltung etwa 15 Mk. In Angeln, wo fast jedes Dorf im Besitz einer Spende ist, entfallen auf jede Niederlage im Jahre etwa 60 Ausleihungen. 1898 hat sich in Württemberg unter dem Protektorat der Königin ein besonderer Verein zur Einführung von „Krankenpflegekästen" auf dem Lande (Charlottenpflegen) gebildet.

Thätigkeit die Ausbildungskosten bis zum Betrage von 100 Mk. zu erstatten hat.

Man sieht einen Vorteil darin, daß die Pflegerinnen mit den lokalen Verhältnissen bekannt sind und deshalb eher Vertrauen gewinnen. Ferner wird bestätigt, daß sie sofort in die stärkste Thätigkeit gezogen sind, daß die Niederlagen von Ärzten wie vom Publikum gern benutzt werden, und daß daher die Vervollständigung des Netzes von Pflegestationen erfolgen wird, sobald nur die erforderlichen Mittel zur Verfügung stehen.

Die ersten Mittel hatte der Frauenverein durch eine Wohlthätigkeits= vorstellung aufgebracht. Später bewilligten Gemeinden, Krankenkassen und landwirtschaftliche Berufsgenossenschaft Zuschüsse und zwar letztere jährlich 30 Mk. für jede Pflegerin, während die Invaliditäts= und Altersversicherungs= anstalt sich noch abwartend verhielt. Aus den Vergütungen der Wohlhaben= den für empfangene Hilfeleistungen wird eine Jahreseinnahme von mindestens 50 Mk. für jede Pflegerin erwartet, sodaß der Frauenverein zur Zeit noch erhebliche Zuschüsse zu leisten hat. Die Tragung derselben drückt ihn insofern nicht, als die Einrichtung ihm seine innere Lebenskraft giebt. Sie verhindert aber die Vermehrung der Pflegerinnen, deren Zahl erst sieben beträgt.

Auf einer etwas abweichenden Grundlage ist an einigen anderen Stellen und zwar vorwiegend von katholischer Seite eine Verbesserung der ländlichen Krankenpflege angestrebt. Kinn, der als Rektor des Dominikanerinnenklosters zu Arenberg bei Ehrenbreitstein und vorher schon als Landpfarrer und als Verfasser einiger populärer Schriften[1] sich Erfahrungen auf dem Gebiete der ländlichen Krankenpflege gesammelt hatte, trat zunächst in der Charitas, der Zeitschrift des die katholischen Wohlthätigkeitsbestrebungen zusammenfassen= den Charitasverbandes, und sodann in der im Herbst 1898 abgehaltenen Generalversammlung des genannten Verbandes für die Ausbildung von Krankenpflegerinnen für das Land ein. In erster Linie will Kinn den ärmsten Gegenden, die, wie er gewiß zutreffend hervorhebt, der Hilfe gerade am dringendsten bedürfen, diese Hilfe bringen und setzt deshalb seine Anforderungen auf ein Mindestmaß herab. Durch den Ortsgeistlichen empfohlene Jungfrauen im Alter von 25—45 Jahren sollen 14 Tage im Kloster zu Arenberg theoretisch und dann 2 (jetzt 4) Wochen lang in einem rheinischen Krankenhause praktisch in der Krankenpflege ausgebildet werden. Alles ist unentgeltlich. Mit dem Ergebnis einer Sammlung des Charitasverbandes werden die Reisekosten gedeckt und sogar soweit möglich eine Entschädigung für entgangenen Arbeitsverdienst geleistet.

Nach der Anweisung für die „Krankenbesucherinnen" soll diese Bezeichnung andeuten, daß sie nicht erwerbsmäßige Krankenpflegerinnen sind, sondern nur Liebesdienste leisten, soweit es die eigenen Berufsarbeiten erlauben. Ängstliche Vermeidung alles dessen, was nur irgendwie an Kurpfuscherei grenzt, wird dringend zur Pflicht gemacht. Die Kranken= besucherin verwaltet einen Geräteschrank, verleiht die Geräte, verabreicht das

---

[1] Krankenbüchlein für Landleute u. s. w. 2. Aufl. 1884. Handbüchlein des Krankenbesuchers, Trier 1887.

Verbandszeug oder sonstiges Pflegematerial an Arme kostenfrei, sonst gegen Erstattung der Selbstkosten. Bei plötzlich eintretenden schweren Erkrankungs- und Unglücksfällen kann sie ungerufen erscheinen, sonst wartet sie die Inanspruchnahme ihrer Dienste ab und hilft, soviel es ihre eigenen häuslichen Arbeiten und die Kräfte erlauben. Sie soll namentlich auch belehrend wirken, auf Mängel in der Pflege aufmerksam machen, das Verständnis für die Krankenpflege heben und eine andere Person zur Vertreterin ausbilden. Ihre Arbeit ist grundsätzlich ein unbezahltes Werk der christlichen Liebe. Nur bei dauernder Pflege soll eine Entschädigung für die versäumte eigene Arbeit geleistet werden. Auf Grund des zu führenden Geschäftsbuches, in welches auch die Einnahmen und Ausgaben einzutragen sind, ist am Jahresschluß ein Bericht zu erstatten. Den Ärzten und Geistlichen des Wirkungskreises hat die Krankenbesucherin einen Abdruck der Anweisung zu übergeben und die jederzeitige Besichtigung des Geräteschranks zu gestatten.

Eine weitere Kontrolle der Krankenbesucherinnen, ein Wiederholungsunterricht, eine Beteiligung anderer Stellen als des Charitasverbandes bei der Organisation ist bislang nicht in Aussicht genommen. Es fehlt auch jede örtliche Organisation, an welche sich die Einrichtung anlehnt. Die Krankenbesucherin muß selbst die Vergütungen bemessen und einziehen, wo sie die Gewährung derselben glaubt in Anspruch nehmen zu sollen, und erhält nichts, wenn sie Unbemittelte pflegt, eine der Sache wenig förderliche Regelung, sofern die Krankenbesucherin auf ihren Arbeitsverdienst zur Gewinnung des Lebensunterhalts angewiesen ist. Es ist nur ein Notbehelf, der immerhin freudig zu begrüßen ist, wenn etwas Besseres durchaus nicht zu erreichen ist, der aber nicht anders denn als ein Durchgangsstadium angesehen werden sollte. Kinn selbst empfiehlt, daß für leistungsfähigere Bezirke mit 1000—1500 Einwohnern Pflegerinnen nach Art der im Kreise Siegen thätigen gewählt werden und für solche eine Interessengemeinschaft nach dem Muster des evangelischen Diakonieverbandes in Aussicht genommen werde.

In ähnlicher Weise ist kürzlich seitens der bayerischen Bezirksämter Nördlingen und Öttingen vorgegangen. Auf Kosten der Bezirke wurden von den seitens der Pfarrer und Gemeindeverwaltungen vorgeschlagenen Personen zunächst im vorigen Jahre sechs im Krankenhause zu Nördlingen unter Leitung des Bezirksarztes während vier Wochen theoretisch und praktisch ausgebildet, damit sie im Heimatsort die Krankenpflege ausüben, ohne Besoldung aber auch ohne daß ihnen die Annahme einer Vergütung für ihre Thätigkeit verwehrt wäre. Wenn sich keine Bedenken ergeben, soll ein neuer Kurs zur Ausbildung weiterer Pflegerinnen und als Wiederholungskurs für die bereits ausgebildeten eingerichtet werden. Als das anzustrebende Ziel wird die Anstellung einer Pflegerin in jeder Gemeinde und deren feste Honorierung durch die Gemeinden mit Zuschüssen von anderer Seite angesehen, und es wird auch erwartet, daß bei einigermaßen günstigen Erfolgen die Gemeinden nicht abgeneigt sein werden. An Kosten erwuchsen neben dem Verpflegungsgelde von 1 Mk. täglich 70 Mk. für Unterrichtsmaterial und Ausrüstung mit einem Verbandkörbchen, also rund 100 Mk. für die Pflegerin.

Der Vervollständigung halber sei endlich noch ein Vorschlag des Pfarrers Pemsel in Staadorf, Oberpfalz[1] erwähnt, dahingehend, daß jede Pfarre ihren Wohlthätigkeitsverein habe, dessen Mitglieder zu persönlichen Dienstleistungen und dessen Teilnehmer zu Gaben sich verpflichten. Vereinszweck ist unter anderm Krankenpflege, Verabreichung von Kost, Wäsche u. s. w. an Kranke, Beschaffung von Krankenutensilien und Mitteln für die erste Krankenpflege. Der Pfarrer ist Vorsteher des Vereins. Die Thätigkeit der weiblichen Mitglieder, aus denen Krankenpflegerinnen ausgewählt werden, wird von einer Vorsteherin geleitet. Die Krankenpflegerinnen, die eine kurze gedruckte Anweisung erhalten — von einer praktischen Ausbildung ist nicht die Rede —, werden in der bestimmten Reihenfolge den zu verpflegenden Kranken zugewiesen.

Es kann ja immerhin zugegeben werden, daß auch die Leistungen solcher Pflegerinnen besser als garnichts sind. Aber ein wesentliches Stück fehlt, da sie keine Ausbildung genossen, durch welche sie unterwiesen wurden über das, was ihre Aufgabe ist, und deshalb auch keine Beachtung finden werden, wenn sie den Versuch machen wollten, anders zu verfahren, als man von altersher gethan[2].

---

[1] J. Pemsel, Ländliche Wohlfahrtspflege, eine Pflicht der Gegenwart, Regensburg 1898.
[2] Die wohl von anderer Seite aufgestellte Forderung, den Unterricht in der Volksschule auf eine praktische Unterweisung in der Krankenpflege auszudehnen, muß ebenso als verfehlt bezeichnet werden, als jene andere, daß die Volksschule in der Haushaltsführung unterweise, damit die Fabrikmädchen demnächst brauchbare Hausfrauen abgeben. Was das Schulmädchen etwa davon profitieren könnte, ist durch andere Eindrücke längst verwischt, wenn nach Jahren die Zeit gekommen ist, daß das Erlernte verwertet werden könnte. Man mag versuchen, in dem Unterricht die Hauptgrundsätze der Gesundheitslehre, soweit sie in der Gegend mißachtet werden, gelegentlich zu bringen, um durch die Kinder auf die Eltern zu wirken. Mehr könnte nur geschehen, wenn es gelingen sollte, auch auf dem Lande einen Fortbildungsunterricht einzuführen, in welchem, nebenbei bemerkt, die Mithilfe einer tüchtigen Gemeindeschwester segensreich wirken könnte.

Vorschläge zur Verbesserung der Krankenpflege auf dem Lande.

Die Förderung der ländlichen Krankenpflege ist nach vorstehendem insbesondere im Laufe der letzten Jahre von den verschiedensten Seiten mit gutem Erfolg in Angriff genommen. Unverkennbar ist schon manches erreicht, wenn es auch noch wenig ist im Vergleich zu dem, was rückständig blieb. Nachdem in erster Linie in Preußen aber auch anderwärts von behördlicher Seite der Frage große Beachtung geschenkt wird, und der Vaterländische Frauenverein mit seinen weitverzweigten Einrichtungen sich ihrer Lösung mit großem Eifer gewidmet hat, wird man erwarten dürfen, daß die Bewegung nicht leicht zum Stillstand kommen wird, sondern von Jahr zu Jahr über weitere Fortschritte wird berichtet werden können. Aber noch fehlt die Aussicht, daß schon in absehbarer Zeit nicht nur da, wo die Verhältnisse dies begünstigen, oder besonders thatkräftige Persönlichkeiten sich der Sache annehmen, sondern auch unter minder günstigen Umständen eine Besserung eintrete. Denn es mangelt noch an einer umfassenderen festen Organisation mit kräftiger Initiative, welche allein ein rascheres und gleichmäßiges Vorgehen zu sichern geeignet ist. Man darf die Regel aufstellen, daß gerade da, wo das Bedürfnis am größten ist, die Einrichtung einer Gemeindepflege zur Zeit am wenigsten wahrscheinlich ist.

Wenn das Arbeitsfeld der Gemeindepflegerin in der oben (S. 63) geschilderten Weise ausgedehnt wird, so dürfen jedenfalls Bezirke von 1000 bis 1500 Einwohnern unbedenklich als hinreichend groß zur Anstellung einer Pflegerin bezeichnet werden. Denn sie erfordern eine volle Arbeitskraft, sobald eine wirklich leistungsfähige Gemeindepflegerin sich der Bevölkerung unentbehrlich gemacht hat. Nicht allzu große Entfernungen und gute Verbindungen ermöglichen gewiß die Bildung größerer Bezirke und das kleine von ihr selbst gelenkte Fuhrwerk, das der Gemeindeschwester im Landkreise Königsberg zur Verfügung steht, sowie das Fahrrad, dessen Benutzung wenigstens ein Teil der Diakonissenmutterhäuser den Gemeindeschwestern mit Recht nicht verwehrt, erhöhen die Leistungsfähigkeit. Allein, wo die Grenzen der politischen oder kirchlichen Gemeinden Bezirke von obigem Umfange ergeben, sollten weitere Zusammenlegungen, durch welche eine intensive Thätigkeit der Pflegerin in allen Teilen des Bezirks wesentlich

Die Kranken- und Hauspflege auf dem Lande.

erschwert wird, thunlichst vermieden werden[1]. Es erscheint in hohem Grade zweifelhaft, ob eine an sich leistungsfähigere Pflegerin, etwa eine Diakonissin, in einem drei- oder vierfach größeren Bezirke mit größerem Erfolge thätig zu werden verspricht, als drei oder vier minder gut ausgebildete Pflegerinnen, die in den ihnen zugewiesenen kleineren Bezirken thatsächlich allen, die ihrer Hilfe bedürfen, zur Verfügung stehen können. Leistet jene auch der unmittelbaren Umgebung ihres Wohnorts bessere Dienste, so leiden darunter die weiter Entfernten. Unzufriedenheit und Eifersucht sind nicht selten die unausbleiblichen Folgen zur schweren Schädigung der guten Sache. Jedenfalls ist Gewicht darauf zu legen, daß dem Bezirk ein geeigneter Mittelpunkt, zu dem die einzelnen Teile regere Beziehungen haben, nicht fehle, wie denn eine Zusammenlegung mehrerer politischer Gemeinden, welche zusammen eine Pfarrgemeinde bilden, im allgemeinen unbedenklich, die Zusammenlegung mehrerer Pfarrgemeinden in der Regel unerwünscht ist.

Werden nach diesen Gesichtspunkten die Bezirke für die Pflegerinnen abgegrenzt, so wird man für die nächste Umgebung eines Landortes, der ein Krankenhaus besitzt, naturgemäß einen Anschluß an das letztere zu erhalten suchen. Das würde nicht in dem wünschenswerten Umfange erreicht sein, wenn eine Pflegerin, soweit es die jeweilige Beschäftigung im Krankenhause selbst gestattet, in dringenderen Fällen aushilfsweise auch in der häuslichen Krankenpflege thätig wird. Es wird vielmehr darauf hinzuwirken sein, daß eine Pflegekraft oder nach Bedarf mehrere in erster Linie als Gemeindepflegerinnen eintreten, und nur wenn diese ihre Hauptaufgabe ihre Thätigkeit nicht voll in Anspruch nimmt, in der Hospitalpflege aushelfen. Andernfalls würde ein großer Teil des Gebiets der Gemeindepflege unberücksichtigt bleiben, und selbst die eigentliche Krankenpflege würde nicht ausreichend sein können, weil sie zu denselben Jahreszeiten, während welcher im Krankenhause die Arbeiten sich häufen, die größten Anforderungen an die Pflegerin stellen würde.

Voll ausgebildete Krankenpflegerinnen würde man ferner wählen, wo die Einwohnerzahl des Bezirks oder andere Umstände von vornherein einen

---

[1] Münsterberg — Weibliche Hilfskräfte in der Wohlfahrtspflege, Nr. 10 der Schriften der Centralstelle für Arbeiterwohlfahrtseinrichtungen, Berlin 1896, S. 94 —, der die hier erörterte Frage mehrfach streift, hält sogar dafür, daß bereits Gemeinden mit 300 Einwohnern eine Gemeindeschwester für die Armen-, Kranken- und Kinderpflege anstellen könnten. Die Bereitstellung des erforderlichen Pflegepersonals, wie der notwendigen Mittel dürfte indes auf unüberwindliche Schwierigkeiten stoßen, wenn schon jetzt Bezirke von so geringem Umfange angestrebt würden. 12—15000 neue Pflegekräfte für das Land zu gewinnen und die für ihren Unterhalt nötigen Mittel sicher zu stellen, wird als nächste Aufgabe bereits Mühe und Arbeit genug kosten. Je lebhafter demnächst die Vorteile der Einrichtung empfunden werden, desto leichter werden weitere Verbesserungen, mögen sie nun in der Gewinnung eines besser ausgebildeten Pflegepersonals, in einer Vermehrung der Pflegekräfte oder in einer Verkleinerung der Bezirke bestehen, zu ermöglichen sein. Die von Münsterberg aufgestellte Forderung, daß der Gemeindeschwester auch die Armenpflege von der Gemeinde übertragen werde, ist gewiß sehr beachtenswert, weil die Landgemeinden es nicht selten an einer genügenden Fürsorge fehlen lassen. Es wird aber selten zu erreichen sein, daß dies von vornherein geschieht, und deshalb sich empfehlen, nach dieser Richtung hin zunächst die weitere Entwicklung abzuwarten.

größeren Umfang der Arbeit erwarten laſſen, und die Deckung des Auf=
wandes, welcher auf jährlich 800 Mk. für eine einzelne Pflegerin veranſchlagt
werden muß, keine Schwierigkeit bietet. Dabei würde man freilich auf
die Bedenken ſtoßen, welche bei den kirchlichen Genoſſenſchaften bezüglich
der Verwendung ihrer Mitglieder in der iſolierten Stellung als Einzel=
pflegerin gehegt werden. Von den katholiſchen Ordensgenoſſenſchaften wird
die dauernde Beſetzung einer Stelle mit einer alleinſtehenden Schweſter
grundſätzlich abgelehnt[1]. Aber auch die Vorſtände der Diakoniſſenanſtalten
ſehen, wie die häufigen Klagen in den Jahresberichten über die ſich mehrende
Zahl der Einzelſtationen zeigen, in der Einzelſtellung eine Gefahr für die.
Friſche und Leiſtungsfähigkeit der Diakoniſſe, der ſie nicht ſelten zum
Nachteil für das Wirken in der Gemeinde durch eine Ablöſung der Gemeinde=
ſchweſtern glauben vorbeugen zu müſſen. Dieſe Abneigung gegen Einzel=
ſtationen iſt um ſo erklärlicher, als an dieſe vorgeſchobenen Poſten in der
That nur beſonders geeignete Kräfte geſtellt werden können, und die
Erwägung nahe liegt, daß ſolche an anderer Stelle einen größeren Wirkungs=
kreis finden würden.

Es würde danach, will man auf die Mitglieder kirchlicher Genoſſen=
ſchaften rechnen, wenigſtens da, wo katholiſche Schweſtern in Betracht
kommen, von vornherein die doppelt beſetzte Station ins Auge gefaßt
werden müſſen. Aber auch bei den Diakoniſſenhäuſern wird eine erhebliche
Vermehrung der Einzelſtellen in der Gemeindepflege vielleicht auf Widerſtand
ſtoßen. Wenn auch die Einrichtung einer Bewahrſchule oder, wo die
Entfernung zum nächſten Krankenhauſe beträchtlich iſt, die Aufſtellung
einiger Krankenbetten oder andere Wohlfahrtseinrichtungen den vermehrten
Aufwand reichlich lohnen würden, ſo wird doch vielfach zunächſt das Ziel
nicht ſo hoch geſteckt werden dürfen.

Schon früher, als es bei uneingeſchränkter Einrichtung von Einzel=
ſtationen notwendig wäre, wird man alſo an die Grenze gelangen, wo die
Verwendung von Mitgliedern kirchlicher Genoſſenſchaften wenigſtens einſt=
weilen nicht thunlich iſt, und bei der, wie oben nachgewieſen, verhältnis=
mäßig geringen Zahl von Gemeindepflegerinnen, welche andere Vereinigungen
vorläufig zur Verfügung ſtellen können, tritt die Notwendigkeit hervor, die
Ausbildung beſonderer Landpflegerinnen in die Wege zu leiten.

---

[1] Der Leiter einer Krankenpflegegenoſſenſchaft, der perſönlich das größte Intereſſe
an der Verbeſſerung der ländlichen Krankenpflege nimmt, erklärt eine gar zu große
Verbreitung kleinſter Niederlaſſungen für unerwünſcht und Niederlaſſungen von
weniger als ſieben Schweſtern für durchaus falſch. Thatſächlich entfallen denn auch
auf die einzelne Niederlaſſung durchſchnittlich neun Krankenſchweſtern gegenüber
2,7 Pflegekräften bei den Diakoniſſen. Anſcheinend ſind übrigens die Anforderungen,
welche ſeitens der katholiſchen Genoſſenſchaften hinſichtlich der dauernden Leiſtungen bei
Übernahme einer Station geſtellt zu werden pflegen, minder hoch als bei den Diako=
niſſenanſtalten. Nicht ſelten wird nur die Bereitſtellung eines kleinen Häuschens, in
dem dann außer der Wohnung der Schweſtern vielfach einige Krankenbetten aufgeſtellt
werden, beanſprucht und erwartet, daß die Mittel zur Unterhaltung der Schweſtern
und für die nicht ſelten unvermeidlichen Aufwendungen bei der Pflege armer Kranker
durch milde Gaben gedeckt werden. Wollte man auch in dieſer Form der Aufbringung
der Mittel einen Vorteil ſehen, ſo bleibt es doch zweifelhaft, ob dieſer Weg gangbar
bleiben würde, wenn es ſich um die Bildung kleiner Bezirke und um die Verſorgung
armer Gegenden handelt.

Es scheint sich dabei dringend zu empfehlen, daß nicht der Gemeinde eine bereits ausgebildete Pflegerin zugewiesen wird, sondern eine aus dem Gebiet ihrer demnächstigen Wirksamkeit entstammende Person für die bestimmte Stelle ihre Ausbildung empfängt. Bei der Auswahl sollte die Initiative unter allen Umständen den maßgebenden Persönlichkeiten im Bezirk selbst überlassen, und die Mitwirkung des Ortsgeistlichen in Anspruch genommen werden. Dagegen ist es empfehlenswert, die schließliche Entscheidung einer anderen Stelle, welche den örtlichen Einflüssen mehr entrückt ist, beizulegen. In nicht seltenen Fällen wird dies auch den Nächstbeteiligten geradezu erwünscht sein. Personen unter 25 Jahren können bei der späteren Thätigkeit leichter in schwierige Lagen kommen, solche über 35 Jahre sind nicht mehr so bildungsfähig. Ein Überschreiten dieser Grenzzahlen ist also nach Möglichkeit zu vermeiden. Neben Geschick und Neigung zur Krankenpflege und absoluter sittlicher Integrität sollten auch vollkommene körperliche Rüstigkeit und feste Gesundheit vorausgesetzt werden, da schwächliche und krüppelhafte Personen den Anforderungen des Berufs nicht gewachsen sind. Auf Herkunft aus einer angeseheneren Familie ist einiges Gewicht zu legen, weil dadurch der Pflegerin die ihr gebührende Stellung leichter gesichert wird.

Der Ausbildungsgang soll hier nicht eingehender besprochen, sondern nur einzelnes von mehr allgemeiner Bedeutung hervorgehoben werden.

Wenn man von der Pflegerin eine erziehliche Einwirkung auf die Landbevölkerung erwartet, und hierauf sollte nicht verzichtet werden, so wird dasjenige Maß von Ausbildung, welches seitens des Charitasverbandes und in Nördlingen den Pflegerinnen vermittelt wird, nicht wohl als ausreichend bezeichnet werden können. Denn auch bei sorgfältigster Auswahl wird für die große Mehrzahl eine doch immerhin nur flüchtige theoretische und praktische Ausbildung nicht genügen, sondern eine planmäßige Erziehung notwendig sein. Es empfiehlt sich demnach nicht, auf einer so beschränkten Grundlage eine größere Organisation aufzubauen, sondern von vornherein ein etwas höheres Maß von Leistungsfähigkeit bei den Pflegerinnen anzustreben.

Eine Ausbildung während sechs Monate wird als das Mindestmaß zu bezeichnen sein, unter das, von besonderen Ausnahmen abgesehen, nicht heruntergegangen werden sollte. Große Anstalten in Großstädten werden nicht die geeignetsten Bildungsstätten abgeben. Denn es kommt ja nicht darauf an, daß die Pflegerin unter den vollkommensten Einrichtungen zu arbeiten versteht, sondern daß sie unter ungünstigen Verhältnissen thunlichst Befriedigendes zu leisten lernt. Ein kleineres von einer tüchtigen Oberin geleitetes Haus wird daher die beste Lehrstätte sein, und zweckmäßig sollte die Ausbildung mit einer praktischen Anleitung zur Arbeit bei einer geeigneten Gemeindeschwester ihren Abschluß finden. Selbstverständlich darf aber die theoretische Seite der Ausbildung unter Mitwirkung eines von der Wichtigkeit der Aufgabe warm überzeugten Arztes nicht fehlen.

Wünschenswert ist eine Konzentration bei den Anstalten einer thunlichst kleinen Zahl von Genossenschaften oder sonstigen Vereinigungen, um nicht nur die Gleichmäßigkeit der Ausbildung besser zu sichern, sondern auch die

6*

Einrichtung von Wiederholungskursen und die Errichtung von Verbänden der Pflegerinnen zu erleichtern. Die Schwierigkeiten, denen man vielleicht zunächst begegnen wird, dürften zu überwinden sein, wenn erst der Gedanke zur Herrschaft gelangt, daß die Ausbildung derartiger Pflegerinnen eine Aufgabe ist, durch deren Lösung die Genossenschaften sich in ganz hervorragendem Maße um das Wohl eines großen Teiles der Bevölkerung verdient machen können. Die Befürchtung, daß man durch diese Thätigkeit die Hand dazu biete, die eigene Stellung zu schwächen, ist unbegründet und wird gewiß nirgends zu Bedenken Anlaß geben[1].

Die Frage, ob durch Abnahme einer Prüfung der erreichte Grad von Ausbildung festzustellen ist, um der Pflegerin im Interesse ihrer Stellung ein Zeugnis ausfertigen zu können, sei nur aufgeworfen.

Von Pflegerinnen, welche eine derartige Ausbildung genossen haben und in ihrer Thätigkeit durch zweckmäßige Anleitungen unterstützt und durch eine genügende auch von ärztlicher Seite ausgeübte Kontrolle überwacht werden, ferner auch durch nicht zu seltene Wiederholungskurse von kürzerer Dauer eine Auffrischung und Vertiefung des Erlernten erfahren, darf nach den an verschiedenen Orten gemachten Erfahrungen ein recht segensreiches Wirken erwartet werden.

Voraussetzung eines gedeihlichen Wirkens bleibt freilich, daß die Pflegerin sich die richtige Stellung in ihrer Umgebung zu erwerben vermag, und es ist nicht zu leugnen, daß sie in dieser Beziehung zum Teil auf Schwierigkeiten stößt, welche die Krankenschwester nicht findet. Die allgemeine Achtung, welche der letzteren ohne Rücksicht auf die persönlichen Leistungen und Eigenschaften ohne weiteres bereitwillig gezollt wird, muß sich die Pflegerin erst durch ihre Thätigkeit im Dienste der leidenden Menschheit erwerben. Daß es ihr gelingen werde, darf man nach den vorliegenden Erfahrungen nicht bezweifeln. Allerdings muß sie gleich der Krankenschwester im stande sein, jederzeit und ohne Rücksicht darauf, ob sie für die einzelne Hilfeleistung eine Vergütung zu erwarten hat oder nicht, Arm und Reich ihre Dienste zu widmen. Ein angemessener Unterhalt muß ihr deshalb unter allen Umständen gesichert werden, und es sollte ihr auch untersagt sein, Geschenke entgegen zu nehmen.

„Verdienen, um zu dienen!" — Dieser Grundsatz Professor Zimmers, nach welchem der evangelische Diakonieverein für seine Schwestern eine bestimmte Jahresvergütung ausbedingt, erscheint richtiger als die Bestimmung in der Anweisung für die Krankenbesucherinnen des Charitasverbandes, daß sie nicht erwerbsmäßige Krankenpflegerinnen sein wollen, sondern nur Liebesdienste leisten, soweit es die eigenen Berufsarbeiten erlauben, daß daher ihre Arbeit grundsätzlich ein unbezahltes Werk der christlichen Liebe ist, und nur bei dauernder Pflege ihr eine Entschädigung für die Versäumis der eigenen Arbeit geleistet werden soll.

---

[1] Pastor Büttner bestätigt ausdrücklich, daß er von der Ausbildung der Dorfpflegerinnen im Henriettenstift keine Schädigung der Diakonissensache erwarte, daß im Gegenteil manche Pflegerin nachträglich Anschluß an ein Diakonissenhaus suchen möchte, um festeren Halt zu gewinnen.

Wie der Krankenschwester der Unterhalt in gesunden und kranken Tagen gesichert ist, nicht weil sie ihren Mitmenschen geldwerte Dienste leistet, sondern damit sie ihre Arbeitskraft zum Wohle der Menschheit verwenden kann, so soll auch der Pflegerin eine Vergütung sicher sein, die so bemessen ist, daß sie nicht gezwungen ist, über ihre anderweite Erwerbs=thätigkeit die Arbeit in der Gemeindepflege einzuschränken, durch Verrichtung niedriger Lohnarbeit ihr Ansehen bei der nicht immer richtig urteilenden Menge zu gefährden, oder bei allzu kümmerlicher Lebenshaltung ihre Kräfte in der oft aufreibenden Thätigkeit vorzeitig abzunutzen. Ob die Vergütung wie im Kreise Siegen für die Pflegerinnen eines größeren Bezirks ohne Rücksicht auf die größere oder geringere Inanspruchnahme ihrer Arbeitskraft einheitlich bestimmt, oder, wie es richtiger erscheint und in Baden geschieht, nach dem Maße ihrer Thätigkeit in der Gemeindepflege abgestuft wird, ist von ungeordneter Bedeutung im Vergleich zur Durchführung des Grund=satzes, daß, wenn von den leistungsfähigen Kranken allerdings eine Vergütung eingezogen wird, die Pflegerin jedenfalls unbeteiligt bleibt, und selbst mit der Festsetzung und Erhebung des Betrages nicht befaßt wird.

Wichtig ist es auch, daß die Pflegerin an denjenigen Personen, welche in ihrem Bezirke besonderes Ansehen genießen, einen Rückhalt finde, daß thunlichst ein Frauenverein ihr Stütze gewähre, nicht aber die leitenden Personen etwa die Thätigkeit der Pflegerin als eine untergeordnete behandeln, und dadurch ihr Ansehen bei der Bevölkerung untergraben. Eine sorgfältig ausgearbeitete Anweisung muß die Pflegerin sowohl gegen rücksichtslose Ausbeutung von seiten der Eingesessenen und gegen eigenen Übereifer schützen, als auch gegen die nicht selten bei den verschiedenen Mitgliedern eines Vereinsvorstandes aufkommende Neigung, ihre Würde durch Erteilung eines Übermaßes von Ratschlägen und Weisungen zu bethätigen.

Von einiger Bedeutung ist ferner, wie auch Münsterberg in seiner bereits erwähnten Schrift hervorhebt, die Kleiderfrage. Wie den Schwestern ihre Tracht gleichsam ein Paß ist, der ihnen alle Thüren öffnet, aber auch ein Schutz, unter dem sie sich überall hin wagen dürfen, so würde auch der Pflegerin ein ihr beigelegtes besonderes Gewand die Wege ebnen. Das Vorgehen im Kreise Siegen muß in dieser Beziehung als nachahmenswert bezeichnet werden. Es könnte eine solche Tracht vielleicht auch gleichzeitig als das Zeichen der Zugehörigkeit zu einem Verbande dienen, und damit den Stand der Pflegerinnen gegenüber der Bevölkerung wie auch in der eigenen Vorstellung bei seinen Mitgliedern heben.

Nicht begründet erscheint der wohl hier und da auftretende Zweifel, ob sich denn geeignete Personen zur Thätigkeit als Pflegerinnen in genügender Anzahl bereitfinden würden, da diejenigen, welche sich zur Krankenpflege berufen fühlten, gewiß den Eintritt in eine kirchliche oder andere Genossen=schaft vorziehen würden. Die rasche Entwicklung des evangelischen Diakonie=vereins deutet auf das Gegenteil hin. Wenn derselbe schon so bald nach seiner Begründung alljährlich 150 Lernschwestern aus den gebildeten Ständen aufnehmen kann, obwohl doch die Bildung, welche heutzutage den sogenannten höheren Töchtern zu Teil wird, gewiß nicht sonderlich geeignet ist, sie dem Berufe der Krankenpflegerin zuzuführen: wer wollte dann zweifeln, daß diese Thätigkeit geeignet ist, der Frau als ein lohnender Lebensberuf zu erscheinen, wenn auch innere oder äußere Gründe davon abhalten, denselben in der gebundenen Stellung als Mitglied einer kirchlichen Genossenschaft auszuüben. Lohnend wird der Beruf freilich nicht in dem Sinne genannt werden können, daß er ein reichliches Auskommen gewährt, aber gewiß in dem andern, daß die Thätigkeit in demselben hohe Befriedigung verschafft. Wie ideale Momente den religiösen Genossenschaften und in zweiter Linie dann auch dem Roten=Kreuz und anderen Vereinigungen Tausende zuführen, welche in selbstloser Aufopferung sich der Krankenpflege widmen, so werden auch weitere Tausende aus höheren Beweggründen getrieben, ihre Lebensaufgabe gern an anderer Stelle im Dienste der leidenden Menschheit suchen, wenn ihnen nur in geeigneter Weise Gelegenheit dazu geboten wird. Es gilt nur, an die breiteren Volksschichten sich zu wenden, und nicht nur an einer oder an hundert Stellen, sondern an tausenden von Stellen zu sammeln[1].

Bislang ist denn auch nicht der Mangel an geeigneten Personen sondern der Mangel an hinreichenden Mitteln der Grund gewesen, daß die getroffenen Einrichtungen nicht rascher und vollkommener ausgebaut sind. Die zunächst aufgebrachten Mittel sind verbraucht, und es hält dann schwer, ohne Hilfe von außen das Triebwerk in besseren Schwung zu setzen. Ist dieser todte Punkt erst überwunden, ist durch materielle und sonstige Unterstützung der Ausbau ermöglicht, so sind keine erheblichen Schwierigkeiten mehr zu befürchten. Denn je mehr die nächstbeteiligten Kreise sich davon überzeugen, daß die Einrichtungen einem thatsächlich vorhandenen, früher nur nicht empfundenen Bedürfnis abhelfen, desto williger werden sie bereit sein, die dadurch erwachsenden Kosten zu tragen, deren Höhe weit unter dem gestifteten Nutzen steht. Bis dahin, daß dieser Zustand erreicht ist, werden freilich andere Stellen eintreten und unter Umständen sich entschließen müssen, vorübergehend auch größere Mittel zur Verfügung zu stellen, als ihrem unmittelbaren Interesse an den Einrichtungen entspricht.

Der nächste Blick richtet sich auf die Organisationen der staatlichen Arbeiterversicherung, die Krankenkassen, Berufsgenossenschaften und Versicherungsanstalten. Der vaterländische Frauenverein hat durch seine weitreichenden Beziehungen zu erreichen gewußt, daß die Aufsichtsbehörden nicht nur die Aufwendung von Mitteln für diese Zwecke billigen, sondern sogar dazu anregen[2]. Es sind von ihm unter Mitwirkung von Mitgliedern des Reichsversicherungsamts Muster zu Verträgen mit Versicherungsanstalten, Berufsgenossenschaften und Krankenkassen entworfen[3], und es konnte oben

---

[1] Hier ist für Frauenthätigkeit ein Arbeitsfeld geboten, welches viele Tausende aufnehmen kann, ohne daß, wie sonst so häufig, die Erwerbsthätigkeit der Männer eine Beeinträchtigung erleidet. Unsere Frage verdient mithin auch vom Standpunkte der Erweiterung des Frauenerwerbs aus Beachtung. Die Zahl der in der Gesundheitspflege erwerbsthätigen Frauen hat von 1882 bis 1895 um 29150 = 63,13% zugenommen. Wenn nur die Gelegenheit geboten ist, dürfte eine weitere Vermehrung in ähnlichem Umfange nicht ausbleiben.
[2] Zu vgl. oben S. 45 und 65.
[3] Mit Rücksicht auf den halbamtlichen Charakter, welchen diese Entwürfe er=

auch mehrfach von einer Beteiligung dieser Organisationen an der Aufbringung der Kosten berichtet werden.

Freilich könnte es scheinen, als wenn die Erwartung auf Hilfe von dieser Seite nicht selten überspannt und darüber die Inanspruchnahme anderer Interessenten unterlassen wird. Nachdem durch Gesetz eine Fürsorge für einen Teil der Bevölkerung eingerichtet ist, deren Kosten ganz wesentlich von den Versicherten selbst getragen werden müssen, bilden diese Versicherten vielfach die Stiefkinder, sobald es sich darum handelt, den Minderbemittelten von seiten der Gemeinde oder von anderer Seite Vergünstigungen oder Erleichterungen zu Teil werden zu lassen. Insbesondere die großen Kapitalbestände der Versicherungsanstalten werden gern als Fonds für alle möglichen Wohlthätigkeitsbestrebungen, die den Versicherten zu gute kommen können, angesehen, ohne daß daran gedacht wird, daß man es hier nicht mit verfügbaren Überschüssen, sondern wesentlich mit Reserven zu thun hat, welche zur Deckung der Verpflichtungen der Anstalten bestimmt, also festgelegt sind. Der jährliche Aufwand für Krankenfürsorge darf nach den gelegentlich der Beratung des neuen Invalidenversicherungsgesetzes aufgestellten Berechnungen bei den sämtlichen Anstalten im Jahre 5,5 Millionen Mark nicht übersteigen, was für jeden Versicherten reichlich 40 Pf. ergiebt. Wird angenommen, daß höchstens ein Drittel davon zur Verbesserung der Krankenpflege verwendet werden darf, und werden andererseits die verhältnismäßig geringeren Beitragseinnahmen und die ungünstigere Vermögenslage der Anstalten mit vorwiegend landwirtschaftlicher Bevölkerung berücksichtigt, so darf für Bezirke von etwa 1200 Einwohnern eine Beihilfe zur Förderung der ländlichen Krankenpflege von mehr als 30 Mk. jährlich kaum in Betracht gezogen werden.

Noch ein anderer Umstand bedarf aber der Hervorhebung. Die auf einen einzelnen Ort oder ein kleines Gebiet beschränkten Krankenkassen und die den Kreis umfassenden Sektionen der landwirtschaftlichen Berufsgenossenschaften sind allerdings in der Lage, mit den rein örtlichen oder über kleinere Bezirke sich erstreckenden Vereinigungen zur Verbesserung der Krankenpflege in Beziehung zu treten. Für die Berufsgenossenschaften und Versicherungsanstalten ist dies aber wenig thunlich und im Interesse einer allgemeinen Förderung der Sache nicht einmal wünschenswert.

In den oben wiedergegebenen Berichten wird die Geneigtheit zu Gewährung größerer Zuschüsse vielfach ausdrücklich davon abhängig gemacht, daß nicht nur in einzelnen Teilen sondern thunlichst im ganzen Bezirk die angestrebte Besserung erreicht werde. Der strenge Nachweis, daß die Aufwendungen dem Nutzen, der aus der Minderung der Rentenlast erwächst, gleichkommen, eine Mehrbelastung durch den zu leistenden Beitrag also eigentlich nicht herbeigeführt wird, kann naturgemäß nicht geliefert werden. Will eine Genossenschaft oder Versicherungsanstalt über diese Lücke hinwegsehen, weil der Aufwand doch ihren Versicherten zum Vorteil gereicht, so

---

halten haben, und die ihnen dadurch verliehene Bedeutung sind dieselben in der Anlage 2 abgedruckt.

muß sie darauf halten, daß nicht nur einzelne derselben sondern möglichst alle an diesen Vorteilen teilnehmen.

Sie würde ferner nicht wohl anders als nach gewissen äußeren Merkmalen, die keineswegs im einzelnen Fall voll berechtigt sind, ihre Beihilfen bemessen können. Die letzteren wären vielleicht an dem einen Orte ganz oder zum Teil entbehrlich, an dem andern wenigstens anfangs nicht ausreichend, um die Einrichtung einer Pflegestation zu ermöglichen. Diesem Übelstande kann auch dadurch, daß Vereinigungen, welche sich über Bezirke von dem Umfange eines preußischen Kreises erstrecken, gebildet werden, nur teilweise abgeholfen werden, weil in so engen Grenzen ein genügender Ausgleich häufig noch nicht zu erreichen ist.

Endlich ist von mehreren Seiten jede Unterstützung abgelehnt, weil das Interesse an den einzelnen Einrichtungen ein verhältnismäßig geringes sei, und bei Bewilligung von Beihilfen eine zu hohe Summe sich ergeben würde. Es gilt dies besonders von den gewerblichen Berufsgenossenschaften, welche allerdings nur ausnahmsweise in einem Bezirke so viele Versicherte haben, daß sie sich füglich an den für den Bezirk geschaffenen Einrichtungen mit einem nennenswerten Beitrage beteiligen könnten, einer Centralinstanz aber recht wohl einen entsprechenden Zuschuß leisten können.

Um nun alle Kräfte zu sammeln und bestmöglichst zu verwerten, empfiehlt es sich, eine umfassendere Organisation zu schaffen, welche in Preußen zweckmäßig als eine dreigliedrige an die Gemeinde, den Kreis und die Provinz sich anschließen würde, anderwärts ähnlich zu beordnen wäre.

In der örtlichen Instanz, deren Bezirk sich mit dem der einzelnen Pflegestation deckt, ist durch einen Vereinsvorstand, die Gemeindeverwaltung oder eine andere Stelle die Verwaltung zu führen, und für die Aufbringung der zur laufenden Unterhaltung erforderlichen Mittel, soweit sie nicht durch Zuschüsse von auswärts gedeckt werden, insbesondere auch durch Heranziehung der auf den Bezirk beschränkten Krankenkassen und der Gemeinden zu sorgen.

Die Kreisinstanz hätte auf eine zweckmäßige Abgrenzung der einzelnen Pflegebezirke hinzuwirken und in denselben zur Schaffung von Einrichtungen für die Krankenpflege anzuregen, auf Grund der gemachten Vorschläge die zur Ausbildung geeigneten Personen auszuwählen und sodann die Ausbildung zu vermitteln, in stetiger Fühlung mit dem Kreisarzt an der Überwachung der Pflegerin sich zu beteiligen, für die Bereitstellung von Mitteln seitens des Kreises und der Krankenkassen mit einem räumlich ausgedehnteren Bezirk zu sorgen und diese Beträge, soweit sie nicht zur Deckung der eigenen Ausgaben für die Ausbildung und erste Ausrüstung der Pflegerinnen und der späteren Wiederholungskurse der letzteren erforderlich sind, nebst den ihr überwiesenen Zuschüssen auf die im Kreise bestehenden Einrichtungen zu verteilen und dabei in erster Linie die Vervollständigung des Netzes der Pflegestationen zu begünstigen.

Aufgabe der Provinzialinstanz würde es endlich sein, zunächst die vollständige Organisation innerhalb ihres Bezirkes in die Wege zu leiten, von der Provinz, der Versicherungsanstalt, dem Vorstande der land=

wirtschaftlichen Berufsgenossenschaft und den Vorständen anderer Berufs=
genossenschaften, welchen Betriebe mit dem Sitz auf dem Lande in größerer
Zahl angehören, Beihilfen zu erwirken und dieselben an die Kreisvereine zu
verteilen, oder auch wegen der direkten Überweisung von Zuschüssen den oben
genannten Verbänden geeignete Vorschläge zu unterbreiten und denselben
gegenüber in Vertretung der einzelnen Pflegestationen diejenigen Verpflich=
tungen zu übernehmen, von deren Zusicherung die Gewährung der Bei=
hilfen abhängig gemacht wird, für die Ausbildung von Pflegerinnen ge=
eignete Anstalten zu gewinnen, die Kosten der Ausbildung und der Wieder=
holungskurse anteilig zu tragen, eine entsprechende Zahl von Pflegerinnen
auszubilden und zu unterhalten, welche zur Vertretung erkrankter und zur
zeitweiligen Unterstützung überlasteter Schwestern und Pflegerinnen verfügbar
sind, die Errichtung von Verbänden der nicht an eine Genossenschaft oder
sonstige Vereinigung angeschlossenen Pflegerinnen, welche denselben einen
Rückhalt, Fürsorge in Fällen von Krankheit und Not, Ergänzung der durch
die staatliche Invalidenrente gewährten Versorgung nach Eintritt von
Invalidität bieten können, vorzubereiten, auch die Verbände demnächst durch
Rat und Geldbeihülfen zu unterstützen[1], Beziehungen mit Mutterhäusern
wegen Überlassung von Schwestern anzuknüpfen[2], durch den Erlaß von
Rundschreiben und Veranstaltung von Zusammenkünften die Verwertung der
an den einzelnen Stellen gemachten Erfahrungen und damit die Vervoll=
kommnung der Einrichtungen herbeizuführen. Endlich könnte von hier aus
auf eine zweckdienliche Ausgestaltung der Gesetzgebung hingewirkt werden[3].

---

[1] Ob die Bildung eines einzigen Verbandes sich empfiehlt, kann mindestens da
zweifelhaft sein, wo beide Konfessionen vertreten sind, wenn der Verband sich nicht
ausschließlich auf eine materielle Interessengemeinschaft beschränken soll. Letzteres
ist nicht als das Erstrebenswerte zu bezeichnen. Wünschenswert wäre es vielmehr,
wenn den ausgebildeten Pflegerinnen ein Anschluß an diejenige Genossenschaft oder
Vereinigung, durch welche ihre Ausbildung erfolgte, ermöglicht werden könnte. Die
diesbezüglichen Vorschläge Pastor Büttners — s. oben S. 74 — die leider in der Folge
zum Nachteil der Einrichtung nicht ganz zur Durchführung gelangt zu sein scheinen,
und die Organisation des Evangelischen Diakonievereins — oben S. 69 — verdienen
besondere Beachtung. Auch auf katholischer Seite, wo auf engeren Anschluß an kirch=
liche Einrichtungen besonders großes Gewicht gelegt wird, und durch Erreichung eines
solchen die Stellung der Pflegerinnen in der Bevölkerung vielfach außerordentlich ge=
hoben werden würde, werden die Schwierigkeiten, welche die Angliederung einer
solchen Laiengenossenschaft an einen der bestehenden Krankenpflegeorden entgegenstehen
könnten, kaum unüberwindlich sein. Die Entwicklung, welche das Ordenswesen im
Laufe dieses Jahrhunderts genommen hat, geht zum großen Teile dahin, durch Ge=
währung einer größeren Bewegungsfreiheit eine umfangreichere Thätigkeit der Ordens=
mitglieder, welche sich den Bedürfnissen des Lebens mehr anpaßt, zu ermöglichen. Es
ist nicht abzusehen, weshalb nicht auf diesem Wege noch ein weiterer Schritt gethan
werden könnte.
[2] Derartige Verhandlungen würden insbesondere mit katholischen Ordens=
genossenschaften vielleicht notwendig sein, da diese zum Teil noch wenig geneigt sind,
ihre Mitglieder für Einrichtungen, welche unter fremder Leitung stehen, abzugeben.
[3] Hierzu würde die bevorstehende Revision der Unfall= und Krankenversicherungs=
gesetze besonderen Anlaß bieten. Nach dem Muster der Württembergischen Krankenpflege=
versicherung sollte dann, wenn die Krankheit Anforderungen an die Behandlung oder
Verpflegung stellt, denen in der Familie des Kranken nicht genügt werden kann, die
Gewährung von Krankenhauspflege Verpflichtung der Krankenkasse, und bei Unfällen

Wie im übrigen die Organisation zu treffen ist, wird von den besonderen Verhältnissen abhängig zu machen sein. Wo die Kreisvereine und die Provinzialverbände des Vaterländischen Frauenvereins bereits eine größere Thätigkeit entwickeln, liegt ein thunlichst enger Anschluß an diese nahe. Anderwärts wird eine Anlehnung an behördliche Organisationen sich empfehlen. Wieder anderwärts ein Zusammenfassen von sonstigen Vereinen, welche auf diesem oder auf verwandten Gebieten arbeiten, rätlich sein. Es wird aber Grundsatz sein müssen, der untersten Instanz, der örtlichen Vertretung, möglichste Freiheit zu lassen und von ihr nur gewisse Mindestleistungen, ohne welche eine gedeihliche Thätigkeit der Pflegerin nicht gesichert erscheint, neben einer nicht zu weitgehenden Berichterstattung[1] zu fordern, vor allem jede Einseitigkeit zu vermeiden, sodaß unter der gemeinschaftlichen Provinzialinstanz sowohl Frauenvereine als andere auf konfessioneller oder freier Grundlage gebildete Vereinigungen oder auch kommunale Verwaltungen unbeengt neben einander ihre Thätigkeit entfalten können.

Aus dem letzterwähnten Grunde würde es allerdings nicht rätlich sein, die Organisation vollständig in die eines bereits vorhandenen Vereins aufgehen zu lassen. Zweckmäßig sind stets Vertreter anderer auf dem Gebiete der öffentlichen Wohlfahrtspflege thätiger Vereinigungen heranzuziehen, und weiter ist bei der Wahl der Mitglieder darauf Bedacht zu nehmen, daß mit denjenigen Stellen, auf deren materielle oder moralische Unterstützung man angewiesen ist, den leitenden Behörden, Berufsgenossenschaften, Versicherungsanstalten, Krankenpflegegenossenschaften u. s. w., nach Möglichkeit unmittelbare Fühlung gewonnen wird. Damit würde das vermieden, woran bis jetzt die Bewegung zum Teil krankte, daß das Vorhandensein der geeigneten Kräfte in einem bestimmten Verein oder an einer bestimmten Stelle die Voraussetzung für die Durchführung der Einrichtungen in einer Gemeinde oder in einem Kreise bildete. Je besser es gelingt, die jetzt ohne Fühlung neben einander arbeitenden Einrichtungen zu gemeinsamer Arbeit zu vereinigen, ohne sie zur Aufgabe ihrer Sonderideen zu zwingen, desto sicherer wird ein allgemeiner Erfolg sein.

---

in landwirtschaftlichen Betrieben der Gemeinde sein. Denn weder die kleinen Krankenkassen, noch die Landgemeinden bieten ihrer großen Mehrzahl nach die genügende Sicherheit, daß sie von ihrer Befugnis, in solchen Fällen Krankenhauspflege eintreten zu lassen, den richtigen Gebrauch machen. Damit würden die Bestrebungen zur Verbesserung der Krankenpflege auf dem Lande einen kräftigen Antrieb erfahren.

[1] Eine solche Berichterstattung und eine auf derselben beruhende Zusammenstellung des Aufwandes und der Leistungen ist einstweilen schon deshalb durchaus erforderlich, um durch Veröffentlichung derselben auf eine weitere Ausbreitung der Einrichtungen hinzuwirken. Denn eine Reihe von Einwendungen, mit denen gewöhnlich die Einführung einer Gemeindekrankenpflege zurückgewiesen wird, kann nur widerlegt werden durch den Hinweis auf die guten Erfahrungen, welche nicht etwa vereinzelt, sondern an vielen Orten unter ähnlichen Verhältnissen gemacht wurden. Aber auch später wird die Berichterstattung in Verbindung mit Zusammenkünften und Rundschreiben der Centralinstanz zur Vervollkommnung am besten beitragen. Es handelt sich also nicht um ein selbstgefälliges Prunken mit den erreichten Erfolgen, zu dem mitzuwirken manche Pflegerin sich sträuben möchte, sondern um Rechnungslegung gegenüber der Öffentlichkeit, welche man nicht unterlassen darf, wenn man dauernd öffentliche Mittel in Anspruch nehmen will.

Die Kranken- und Hauspflege auf dem Lande.

Wenn auch später der Schwerpunkt der ganzen Arbeit in der örtlichen Instanz liegen wird, so wird doch einstweilen in erster Linie von der Zusammensetzung und Thätigkeit der Provinzialinstanz das Gelingen des Werkes abhängen. Ihre Aufgabe ist es, die öffentliche Meinung noch mehr, als bereits geschehen, für die Bestrebungen zu gewinnen, dahin zu wirken, daß die kommunalen Verbände, wenn es sein muß, immer von neuem auf die großen für sie hier in Frage stehenden Interessen hingewiesen und zu einer entsprechenden Unterstützung der Sache angehalten werden. Ihr würde es auch gelingen können, die Versicherungsanstalten und Berufsgenossenschaften, welche sich zur Zeit noch ablehnend oder doch abwartend glauben verhalten zu sollen, zu einer günstigeren Stellungnahme zu bewegen. Denn es ist vielfach nicht so sehr die Abneigung, durch eigene Aufwendungen die Sache zu fördern, welche jene abwartende Haltung verursacht, als die Empfindung, daß die Gewährung der Beihülfe dazu führen werde, die Leistungen der Nächstbeteiligten zu vermindern, im Grunde also die Sache nicht stütze. Die Überzeugung, daß die Einrichtungen der Arbeiterversicherung berufen sind, über das ihnen zunächst gesetzte Ziel hinaus an der Förderung der Volkswohlfahrt mitzuarbeiten, gewinnt unter ihren Organen mehr und mehr Boden und wird zuletzt auch die jetzt noch Zögernden zur Mitarbeit zwingen.

Ein durchschnittlicher Jahresbeitrag von 10 Mk. für je 100 Versicherte, der einer Jahresleistung von 20—25 Mk. für Bezirke von 1000 Einwohnern gleichkommen würde, darf auch den minder günstig situierten Versicherungsanstalten dauernd zugemutet werden. Solange derselbe nur für eine beschränkte Zahl von mit Pflegerinnen versehenen Bezirken in Anspruch genommen wird, sollten Beihilfen etwa bis zur Hälfte der vorläufig nicht zur Auszahlung gelangenden Jahresbeiträge für die vorbereitenden Schritte zur Errichtung neuer Stationen bereitgestellt werden. Wenn auf ähnlicher Grundlage Berufsgenossenschaft und Provinzialverband, dieser wenigstens für die ersten Entwicklungsjahre, beitragen, so ständen alljährlich für jede Million der Landbevölkerung 30000 bis 40000 Mk. allein der Provinzialinstanz zum Zweck der Ausdehnung der Einrichtungen zur Verfügung. Bei angemessener Heranziehung der übrigen Interessenten ließe sich jährlich die Errichtung von wenigstens 100 neuen Pflegestationen und im Laufe von fünf oder sechs Jahren der vorläufige Abschluß der Organisation ermöglichen, während augenblicklich noch nicht der zehnte Teil davon erreicht wird, und noch keinerlei Aussicht vorhanden ist, daß in absehbarer Zeit auch nur für den überwiegenden Teil des Reiches befriedigende Zustände auf dem Gebiete der ländlichen Krankenpflege geschaffen sein werden.

Die augenblicklich herrschende Strömung ist der Sache unverkennbar günstig. Ein Beweis dafür sind die häufigen Erörterungen über Fragen der Gesundheitslehre, welche die Tagespresse bringt; ein weiterer Beweis die mächtige Bewegung zur Bekämpfung der Schwindsucht, die in dem vor kurzem in Berlin abgehaltenen Kongreß einen so glänzenden Ausdruck fand. Die Verbesserung der Krankenpflege auf dem Lande bildete in den letzten Jahren das stehende Thema auf der Tagesordnung der verschiedenen Vereinigungen, welche sich die Förderung der öffentlichen Wohlfahrtspflege zur Aufgabe gesetzt haben. Es gilt daher, hier einzusetzen und die bereits vorhandenen Bestrebungen auf breiterer Grundlage und planmäßiger auszugestalten. Der Erfolg wird nicht ausbleiben, und er wird wesentlich dazu beitragen, die Zufriedenheit der Landbevölkerung und den allgemeinen Wohlstand auf dem Lande zu erhöhen, und dadurch die Landflucht einzuschränken.

Ein lebhaftes Interesse daran hat, von Humanitätsgründen ganz abgesehen, die gesamte Bevölkerung, nicht nur, weil jede Hebung der Volksgesundheit der Gesamtheit zu gute kommt, sondern auch deshalb, weil die Stadt auf den Bevölkerungsüberschuß des platten Landes angewiesen ist und deshalb an einer gedeihlichen Entwicklung desselben direkt beteiligt ist. Den vereinten Kräften aller wird es gelingen, das zu verwirklichen, was Professor Rumpf in seinem Vortrage gelegentlich der Berliner Gewerbeausstellung von 1896 aussprach:

„Mehr und mehr wird es in das Bewußtsein des Volkes übergehen, daß die Krankenschwester eines der wichtigsten Organe der öffentlichen Gesundheitspflege, insbesondere bei chronischen Krankheiten ist. Dann wird nicht allein in Krankenhäusern Platz für Schwestern sein, **das kleinste Dorf wird eine oder mehrere Schwestern haben, welche der Pflege der Kranken und der Sorge für die Umgebung dieser leben.**"

Die Kranken- und Hauspflege auf dem Lande.

Anlage 1 (zu S. 67).

Übersicht
über die Mitglieder der katholischen Krankenpflegegenossenschaften im Deutschen Reiche.

	Bistum (Erzbistum)	Zahl der katholischen Einwohner	Pfarrgemeinden	Männliche Genossenschaften Niederlassungen[1]	Mitglieder	Weibl. Genossenschaften im ganzen Niederlassungen[1]	Mitglieder	für ambulante Krankenpflege[2] Stationen[1]	Pflegekräfte
	I. Kirchenprovinz Bamberg:								
1	Bamberg	330 000	192	—	—	—	172	—	—
2	Eichstädt	181 000	205	—	—	—	115	—	—
3	Speyer	334 000	224	—	—	42	306	—	—
4	Würzburg	514 000	435	—	—	—	766	(43)	
	II. Kirchenprovinz Gnesen-Posen:								
5	Gnesen-Posen	1 255 000	548	—	—	—	257	—	—
6	Culm	668 000	259	—	—	17	180	—	—
	III. Kirchenprovinz München-Freising:								
7	München	830 000	397	—	—	—	776	—	—
8	Augsburg	730 000	922	—	54	—	576	—	—
9	Passau	333 000	173	—	—	—	136	—	—
10	Regensburg	803 000	467	—	64	—	687	—	—
	IV. Niederrheinische Kirchenprovinz:								
11	Köln[3]	2 063 000	855	8	170	290	2105	128	579
12	Münster	1 006 000	367	2	49	(160)	1701	—	—

[1] Wo die Zahl der Niederlassungen nur für einen Teil der Pflegekräfte ermittelt ist, ist dieselbe in Klammern gesetzt. Die Gesamtzahl der Niederlassungen der Krankenschwestern darf auf etwa 2 500 geschätzt werden.

[2] Die Zahlen waren nur für wenige Diöcesen zu erlangen und sind auch für diese zum Teil unvollständig.

[3] Nach Brandts, Die katholischen Wohlthätigkeitsanstalten und Vereine in der Erzdiözese Köln, Köln 1895. Die Zahlen stammen aus den Jahren 1891 und 1892 und enthalten nicht die in Bewahr- und Haushaltungsschulen und ähnlichen

	Bistum (Erzbistum)	Zahl der katholischen Einwohner	Pfarr-gemein-den	Männliche Genossenschaften		Weibl. Genossenschaften im ganzen		für ambulante Krankenpflege	
				Nieder-lassun-gen	Mit-glieder	Nieder-lassun-gen	Mit-glieder	Sta-tionen	Pflege-kräfte
13	Paderborn	981 000	481	2	18	183	2070	—	—
14	Trier	1 048 000	743	12	317	125	1621	—	—
	V. Oberrheinische Kirchenprovinz:								
15	Freiburg[1]	1 030 000	838	—	—	358	1674	108	
16	Fulda	159 000	167	1	6	39	284	—	—
17	Limburg	300 000	175	—	107	—	429	—	—
18	Mainz	272 000	171	1	10	72	388	—	—
19	Rottenburg . . .	620 000	685	—	—	—	1358	—	—
	VI. Exemte Bis-tümer:								
20	Breslau preuß. Anteil	2 267 000	808	(9)	138	(266)	2375	—	—
21	Ermland	400 000	157	—	—	—	305	—	—
22	Hildesheim . . .	129 000	120	—	—	—	201	—	—
23	Metz[2]	450 000	843	—	—	—	—	—	—
24	Osnabrück einschließl. deutsch. Anteil der Nordischen Missionen u. d. Apost. Präfektur Schles-wig-Holstein . . .	233 000	145	—	—	40	412	4	11
25	Straßburg	778 000	702	—	—	—	1610	—	—
26	Apost. Vikariat Kgr. Sachsen	129 000	—	—	—	16	110	5	54
		17 843 000	11 179	—	933	—	18 614	—	—

Anstalten beschäftigten Schwestern. Sie sind für die Gegenwart nicht mehr zutreffend, da z. B. die ambulante Krankenpflege sich um schätzungsweise ein Drittel ausgedehnt hat. Neuere Erhebungen sind jedoch nicht vorgenommen. — Für die übrigen Diöcesen sind die Angaben entweder dem neuesten Diöcesan-Schematismus entnommen oder durch besondere Anfrage ermittelt. Sie beziehen sich vereinzelt auf die Jahre 1896 oder 1897, überwiegend aber auf die allerjüngste Zeit.

[1] Die Angaben beruhen bezüglich einer Genossenschaft mit 28 Niederlassungen auf Schätzung.

[2] Ein Erhebung hatte bislang nicht stattgefunden, ist jetzt eingeleitet, aber noch nicht abgeschlossen.

Anlage 2.

Entwürfe zu Verträgen
eines
Vaterländischen Frauen-Vereins.

A. mit einer Invaliditäts- und Alters-Versicherungsanstalt.

§ 1.

Der Verein stellt seine der Krankenpflege gewidmete Organisation, bestehend in ....
....
nach Maßgabe der folgenden Bestimmungen in den Dienst der Anstalt:

A. Die Gemeindeschwestern des Vereins haben bei ihrer die Kranken in deren Wohnungen aufsuchenden Thätigkeit das besondere Augenmerk auf solche Versicherte der Anstalt zu richten, welche infolge von Verletzungen bei Unglücksfällen oder durch die Anfänge chronischer Krankheiten, insbesondere von Lungenkrankheiten, Ausschlag, Bein- und Fußgeschwüren, Bruchleiden u. s. w. zu der Befürchtung Anlaß geben, daß sie später durch Verschlimmerung dieser Leiden in einem zur Invaliden-Rente berechtigenden Umfange erwerbsunfähig werden. Diese Kranken werden von den Gemeindeschwestern rechtzeitig der ärztlichen Behandlung zugeführt; außerdem tragen die Schwestern fortgesetzt Sorge für die Heilung der Kranken durch Besuche, Darreichung der verordneten Medikamente und Meldungen über das Befinden der betreffenden Personen an den Vorstand des Vereins, welcher seinerseits der Versicherungsanstalt die etwa nötige Mitteilung macht.

B. Sofern nach der Natur des Leidens oder im Hinblick auf ungünstige häusliche Verhältnisse die Behandlung des Kranken in seiner Wohnung keinen oder nur einen unvollkommenen Erfolg erhoffen läßt, hat die Gemeindeschwester behufs Erwirkung der Verpflegung in einem Krankenhause u. s. w. unter Angabe auch der Krankenkasse, welcher der Kranke etwa angehört, an den Vereinsvorstand zu berichten.

Dieser Bericht ist möglichst bald nach dem Auftreten der Krankheit zu erstatten, damit zwischen der Versicherungsanstalt und der etwa beteiligten Krankenkasse wegen Übernahme der Pflegekosten während der Verpflichtungsdauer der Krankenkasse eine Vereinbarung getroffen werden kann. Der Kranke und seine Familie sind über die Vorteile der Anstaltsbehandlung sowie über die Nachteile der unbegründeten Ablehnung einer solchen —

Verlust des Anspruchs auf Invalidenrente (§ 12 Absatz 4 des Invaliditäts= und Altersversicherungsgesetzes) — von der Gemeindeschwester aufzuklären.
C. Wird eine Familie durch das bei einem Versicherten für notwendig erachtete Heilverfahren ihres Ernährers beraubt, so hat die Gemeindeschwester behufs Erlangung einer angemessenen Familienunterstützung während der Dauer des Heilverfahrens über die in Betracht kommenden Verhältnisse an den Vereinsvorstand zu berichten, der, sei es aus eigenen Mitteln, sei es durch Beantragung einer Unterstützung bei der Gemeinde oder bei der Versicherungsanstalt, das Weitere veranlassen wird.

Auch ist es Sache der Gemeindeschwestern, darauf zu achten, daß die Unterstützung ihrem Zwecke gemäß verwendet wird.
D. Werden in Bezug auf die unter A bis C behandelten Aufgaben Anfragen von der Versicherungsanstalt unmittelbar an die Gemeindeschwestern gerichtet, so haben die Letzteren dieselben ungesäumt zu beantworten.
E. Die Krankenhäuser des Vereins nehmen Versicherte der Anstalt sowohl zur Krankenpflege als zur Rekonvaleszenz oder Beobachtung zu dem geringsten üblichen Pflegesatz des Vereins auf.

Die Krankenhausärzte sind beauftragt, Ersuchen der Anstalt in bezug auf das Heilverfahren und die Feststellung der Erwerbsfähigkeit der Versicherten innerhalb der gesetzlich zulässigen Grenzen zu entsprechen.

§ 2.

Alljährlich bis zum 20. Januar werden der Versicherungsanstalt vom Vereinsvorstand alphabetisch geordnete Nachweisungen überreicht, aus denen die Ortschaften zu ersehen sind, welche zu den Gemeindepflegestationen sowie zu den Bezirken der Krankenhäuser gehören.

§ 3.

Als Entschädigung für die im § 1 zu A bis D aufgeführten Leistungen, einschließlich Medikamente, Schreibmaterial und Porto, gewährt die Versicherungsanstalt dem Vaterländischen Frauenverein einen vierteljährlich zahlbaren Zuschuß von jährlich
1. je .... Mk. für jede im Vereinsbezirk angestellte Schwester.
2. .... Mk. für die Krankenhäuser des Vereins.

Es bleibt vorbehalten, durch Vereinbarungen diese Summen anderweit zu bemessen, falls sich herausstellen sollte, daß dieselben den vorgedachten Leistungen nicht entsprechen oder über dieselben hinausgehen.

§ 4.

Die Versicherungsanstalt erklärt sich ferner bereit, dem Vaterländischen Frauenverein dreiprozentige Hypothekendarlehne bis zur Hälfte der Feuerversicherungstaxe und ohne Amortisationsforderung auf die dem Verein gehörigen Krankenhausgrundstücke zur ersten Stelle zu gewähren, nach Maßgabe der vorhandenen Mittel, und unter gegenseitiger halbjähriger Kündigungsberechtigung.

§ 5.

Dieser Vertrag tritt mit dem .... in Kraft. Beiden Teilen steht nach halbjähriger Kündigung das Recht zur Aufhebung desselben zum .... zu. Tritt von keiner Seite eine Kündigung ein, so gilt der Vertrag stillschweigend stets auf ein neues Jahr verlängert.

§ 6.

Dieser Vertrag ist in zwei gleichlautenden Exemplaren ausgefertigt und zum Zeichen der Anerkennung wie folgt unterschrieben.

B. mit einer Berufsgenossenschaft.

§ 1.

Der Vaterländische Frauenverein stellt seine der Krankenpflege gewidmete Organisation, bestehend in ...., nach Maßgabe der folgenden Bestimmungen in den Dienst der Berufsgenossenschaft.

A. Die Gemeindeschwestern haben bei ihrer die Kranken in deren Wohnungen aufsuchenden Thätigkeit, sowie bei den Hilfeleistungen in der Station selbst ihr Augenmerk darauf zu richten, ob die Krankheit etwa infolge eines Betriebsunfalls im Sinne der Unfallversicherungsgesetze[1] ist.

Ergiebt sich dafür ein einigermaßen ausreichender Anhalt, so ist von der Gemeindeschwester

    a) in geeigneter Weise (durch Befragen des Ortsvorstandes ꝛc.) festzustellen, ob die zuständige Berufsgenossenschaft von dem Falle Kenntnis hat, und ihr, wenn dies nicht der Fall ist, eine Anzeige an die Adresse des .... zu erstatten.

    b) dafür Sorge zu tragen, daß dem Kranken auch bei geringfügigen Leiden thunlichst schnell ärztliche Hilfe zu teil werde;

    c) auf ein sachgemäßes, zur möglichsten Abschwächung der Unfallsfolgen geeignetes Verhalten des Kranken, namentlich aber auf die Unterlassung und Fernhaltung von Kurpfuschversuchen aller Art nachdrücklichst hinzuwirken;

    d) unter der ärztlichen Leitung, oder, solange eine solche fehlt, nach eigenem besten Wissen und Können die Pflege des

---

[1] Gegen Betriebsunfälle versichert sind, um einige Hauptkategorien zu nennen, alle land- und forstwirtschaftlichen Arbeiter, alle bei Bauarbeiten beschäftigten Personen, alle Fabrikarbeiter und die Arbeiter der Transportgewerbe — männliche wie weibliche Personen.

Kranken (durch Besuche, Belehrung, Darreichung der verordneten Medikamente ꝛc.) unter besonderer Rücksicht auch darauf, daß als Ergebnis des Heilverfahrens eine möglichst geringe Beeinträchtigung der Erwerbsunfähigkeit übrig bleiben soll.

B. Durch Betriebsunfall Beschädigte, für welche die Berufsgenossenschaft innerhalb der ersten 13 Wochen nach dem Unfall oder später die Fürsorge übernommen hat, und welche in dem Bezirk einer Gemeindepflegestation wohnen, werden vom Vorstand der Berufsgenossenschaft dem Vorstand des Vaterländischen Frauenvereins mit Angabe des Wohnorts und der Unfallsfolgen (Krankheit ꝛc.) namhaft gemacht. Die Gemeindeschwestern haben diese Personen, soweit sie in ihrem Bezirk sich befinden, zu besuchen, und unter Beachtung des zu A Gesagten unter Augen zu behalten.

C. Stellt bei Unfallverletzten die Art der Behandlung Anforderungen an die Behandlung oder Verpflegung, denen in der Familie oder unter den Verhältnissen, in denen der Verletzte lebt, nicht genügt werden kann, oder leistet ein Verletzter den im Interesse seiner Heilung verordneten Maßnahmen andauernd Widerstand, so hat die Gemeindeschwester hiervon nach Benehmen mit dem Arzt oder in bringlichen Fällen direkt der Berufsgenossenschaft (an die Adresse des ....) Anzeige zu erstatten, damit eventuell die Überführung in das Krankenhaus von der Berufsgenossenschaft angeordnet werden kann.

Zugleich sind etwaige Angehörige (Ehefrau und eheliche Kinder) thunlichst nach Namen und Geburtstag anzugeben.

Ordnet die Berufsgenossenschaft die Überführung des Kranken ins Krankenhaus an, so hat die Schwester, wenn nötig, auf die Kranken auch ihrerseits durch Belehrung einzuwirken, daß sie sich der zu ihrem eigenen Besten getroffenen Maßnahmen fügen und es nicht durch pflichtwidriges Widerstreben gegen die berechtigten Anordnungen der Berufsgenossenschaft dahin kommen lassen, daß ihnen der Rentenanspruch zum Teil — auch ganz — verloren geht. Zugleich sind Ehemänner und Familienväter darauf hinzuweisen, daß die Berufsgenossenschaft während der Krankenhausbehandlung der Ehefrau und den ehelichen Kindern die Renten wie Hinterbliebenen zu gewähren hat.

Ist ein Kranker in das Krankenhaus aufgenommen worden, so hat die Schwester darauf zu sehen, daß die den Angehörigen zustehenden Renten auch wirklich im Interesse der notleidenden Familie zur Verwendung gelangen.

D. Werden in Bezug auf die unter A. bis C. behandelten Aufgaben Anfragen von der Berufsgenossenschaft unmittelbar an die Gemeindeschwestern gerichtet, so haben die letzteren dieselben ungesäumt zu beantworten.

E. Die Krankenhäuser des Vereins nehmen Versicherte der Berufsgenossenschaft sowohl zur Krankenpflege, als zur Rekonvaleszenz

Die Kranken- und Hauspflege auf dem Lande.

ober Beobachtung zu dem geringsten üblichen Pflegesatz des Vereins auf.

Die Krankenhausärzte des Vereins sind beauftragt, den Ersuchen der Berufsgenossenschaft in Bezug auf das Heilverfahren und die Feststellung der Erwerbsfähigkeit der Versicherten innerhalb der gesetzlich zulässigen Grenzen zu entsprechen.

§§ 2 bis 5 wie §§ 2, 3, 5, 6 zu A.

C. mit einer **Gemeinde-Krankenversicherung** oder einer **Krankenkasse**.

§ 1.

Der Verein stellt seine der Krankenpflege gewidmete Organisation, bestehend in..

....

nach Maßgabe der folgenden Bestimmungen in den Dienst der .... Krankenkasse.

A. Die Gemeindeschwestern des Vereins haben den erkrankten, durch ihre Kassenbücher sich ausweisenden Mitgliedern der Kasse Rat und Beistand, sowie die ihnen zu Gebote stehenden Stärkungs- und Heilmittel unentgeltlich zu gewähren, sie in ihren Wohnungen aufzusuchen und von ihrem Befinden dem Kassenarzt nach vorgeschriebenem Schema Mitteilung zu senden.

B. Sie haben am Ende jeder Woche die zur Erlangung des Krankengeldes erforderliche Bescheinigung, daß die Erwerbsunfähigkeit des Kranken noch fortbestehe, auszustellen, wenn diese Bescheinigung nach Lage der Umstände nicht von dem Kassenarzt ausgestellt werden kann.

C. Unter der gleichen Voraussetzung haben die Gemeindeschwestern zu bescheinigen, daß die Behandlung des Kranken in seiner Wohnung nicht angängig sei, vielmehr die Aufnahme desselben in ein Krankenhaus erfolgen müsse.

D. Die Krankenhäuser des Vereins nehmen die Mitglieder der Kasse zu dem geringsten üblichen Pflegesatze des Vereins auf.

E. Die Krankenhausärzte des Vereins sind verpflichtet, für den dem Krankenhaus zugewiesenen Bezirk die Geschäfte des Kassenarztes gegen dieselbe Vergütung, wie die anderen Ärzte zu übernehmen.

§§ 2 bis 5 wie §§ 2, 3, 5, 6 zu A.

Printed by Libri Plureos GmbH
in Hamburg, Germany